用生命润泽生命

李镇西 / 著

李镇西 教育心得

大夏书系 教育新思考

华东师范大学出版社
·上海·

序一　火一样地爱着

当我给爱人讲我要为李老师的书写序时,他愣了几秒钟,几乎一字一顿地说:"李老师真不一样。"这七个字像是从他的心里长出来的一样,那么有力量。是呀,为李老师的书作序的人当为教育界大家,怎么会是我这个草根老师呢?那一刻,我有点理解"用生命润泽生命"的含义了。

于是,我赶紧捧起书稿读起来。书中的李老师是长者,那一声声关于成长的叮咛在耳畔深情响起,温暖了这个冬天;书中的李老师是朋友,和你拉家常,絮叨着幸福师友的点点滴滴;书中的李老师是一个邻家大叔,奔走于大街小巷,冲那些"小人物"亲切地微笑、问候;书中的李老师还是一个文艺青年,看电影时会感动得热泪盈眶,听音乐时会热血沸腾。然而,一切感性的背后又不乏理性的思考。

李老师常说自己不是教育专家。是的，他和你我一样，也有生活琐事的繁杂，但他更有对生活滚烫的热爱。李老师对"小人物"的尊重和爱，让我肃然起敬。读"温馨"这部分，一个个"小人物"的故事如一卷市井风情画在眼前徐徐展开。他们善良朴实，他们勤劳能干，他们将心比心，他们为别人着想，"他们才是我们国家顶天立地的主人，是我们民族默默无闻的脊梁"。李老师的话振聋发聩。我无比赞同李老师的看法，可同时又被李老师的话"榨出皮袍下面藏着的'小'来"。跟这些"小人物"比，我这个在世人眼里还不算最小的人物还差得太远，为自己着想的时候太多，为别人着想的时候太少。我曾经为了赶时间，把一个等电梯的快递小哥"晾"在电梯门外；开车遇上前方拥堵时，我总是想着挤到前面去；外卖纸壳原本可以带到楼下去给那位保洁阿姨的，但有几次我却放在门口，自言自语道："让她自己来拿。"

……

跟李老师比，我真是自惭形秽。李老师对这些"小人物"发自内心地尊敬。"他们每天都在为自己的生活而辛劳，也把温暖送给许多素不相识的人。我没有理由不尊重他们！"李老师还对这些"小人物"致以真诚的祝福："我向天下像胥师傅一家人这样善良勤劳的劳动人民致以深深的祝福！"面对"小人物"的困境，李老师也竭力呼吁："如果我们社会的每一个细节都能为老人和弱者考虑，类似'十元温馨'的故事就不会发生了，这样的'十分遗憾'也不会有了。"李老师用一个个生动的故事让我看见了"小人物"身上的真善美，更让我感受到他以善良体察善良，用生命温暖生命的人性美。路遥曾说，只有永远不丧失一个普通人的感觉，作品所呈现的一切，才能引起无数心灵的共鸣。李老师一直把自己当普通人，可这样的普通人真不普通，而是有良知、有情怀的，大写的"人"。

只有这样的人才会不求回报地引领年轻人。李希贵校长在《为了自由呼吸的教育》中这样写道："其实，一个人的成长除了同龄的伙伴相互影响之外，一定要有那么一两位亦师亦友的长者，用他们的人格、用他们的人生智慧、用他们宽阔的胸襟、用他们那种对后生真诚的欣赏和尊重，来引领年轻人开始漫漫的人生之旅。对于一个成长中的生命来说，这无疑也是十分重要的。"

毫无疑问，李老师就是我们成长路上亦师亦友的长者。他用鲜活、饱满、丰盈的生命状态一点一点地浸润着我们。李老师认为，教师应该用"拥抱生活，钟情教育"的生命状态去润泽孩子的生命。这样的生命状态从哪里来呢？

"拥抱生活，钟情教育"的生命状态从生活中来——要会玩。李老师会玩的可多了，口琴、二胡、单反、无人机，徒步、开车，玩得不亦乐乎，真是一个"玩童"！最难能可贵的是，李老师特别喜欢和孩子一起到大自然中去玩。去山上野炊，去河边戏水，去草坪摔跤，去森林探险……李老师和孩子们玩得激情四溢，活得热气腾腾。生活即教育，玩法即活法，一个不热爱生命的教师再优秀充其量只是个教书匠，几乎不可能像李老师那样用激情点燃激情，用浪漫拥抱浪漫，用情趣营造情趣，用生命润泽生命。

"拥抱生活，钟情教育"的生命状态从阅读中来。阅读对教师的专业成长的作用是不言而喻的。我自己就有切身体会。教初中语文时，我常读王君、王崧舟、肖培东等老师的书，并把书中名师们的做法模仿一点点，把他们的理念在我的课堂上落实一点点，这样，我的课堂和别人的就不一样了。于是，我在各级各类赛课中开始崭露头角。于是，我从小镇到了县城，从县城到了成都。这都是阅读给我的丰厚馈赠。

李老师把这种对专业书籍的阅读叫作"求实"，把超越功利的阅读称为"务虚"，比如读哲学、历史、文学、政治、科普……伴随着这种"虚实结合"的阅读，我们的视野会越来越开阔，灵魂会越来越饱满，我们的生命状态会越来越丰盈。我深以为然。我甚至认为，思想的虚弱，其实就是阅读的苍白。前段时间，我也遇到一些糟心的事情，一度为此而郁闷。但读完《苏东坡传——我只是个有趣的凡人》，又读了李老师的《用生命润泽生命》，竟有了"空长灭征鸟，水阔无还舟"这样豁然旷达的心态。当那些琐碎的烦恼再次缠绕我时，我竟然可以一拂了之、一笑而过了。阅读，让我们可以向着明亮那方。

大量的阅读会让我们学到或悟到教育的"道"、人生的"道"。"提领而顿，百毛皆顺"，顺着这些"道"去思考，去实践，你就会像李老师那样无条件地爱孩子、尊重孩子，就会怀揣初心做干净的教育，就会改变自己对待职业的态度，就会注重提高自己的理论修养，就会做到书中倡导的"四个不停"和"四个学习"。最后,就会成长为最好的自己。王君老师说,活法即教法。彼时,你满眼皆是莫怀戚笔下小路那头的春景:"金色的菜花,两行整齐的桑树,尽头一口水波粼粼的鱼塘。"站在讲台上的你,一定会如肖培东老师所说:"站在语文讲台前的我健健康康,我声音洪亮,我精神焕发,我阳光生动,我耳聪目明。我不愿意用干涩的喉咙破坏美文的诵读,我不愿意以衰败的身躯支撑教学的天空,沧桑的表情无法激活学生的思维,灰暗的眼睛又怎能点燃他们心田热爱的明灯?"彼时,"润泽"便悄然发生了。

"拥抱生活,钟情教育"的生命状态来自于遇见的良师益友。李老师前行的路上就遇见过很多的良师益友。有教他的恩师,有魏书生老师、朱小蔓老师,还有作家梁晓声、陆枋校长。李老师笔下的他们堪称"男神""女神"。他们深厚的学养和精湛的专业能力自不必说,更让人仰望的是他们的人品。他们或精致,或简约,或温婉,或敢于直言,但他们的共同之处是"其胸襟之大,其格局之宽,其风范之正,其境界之高,让人'仰之弥高,钻之弥坚,瞻之在前,忽焉在后','如有所立卓尔'"。李老师这样评价朱小蔓老师:"她本人就是高尚道德的化身。"我想,这些大家的生命状态是影响了李老师的,或者说他们是相互影响的,是用思想照亮思想。几位大家的故事告诉我们,老师的一言一行,对学生乃至身边的人都有潜移默化的影响。我认为李老师最了不起的地方恐怕就在于他自己所说的,"我把我的老师给我的爱,传递给了我的学生"。这就是对"用生命润泽生命"最好的诠释！

　　读到李老师写的几位益友，我耳边便响起了满文军的《懂你》："多想靠近你，告诉你我其实一直都懂你。"虽然这首歌本身是写给母亲的，但我认为"懂你"是友情的最高境界。而且朋友给予李老师的那种温暖，那份深情，唯有这首歌能表达。李老师总说生活厚爱他，那是因为他值得拥有，不是吗？从书中你能感受到李老师和朋友们互相影响，互相温暖，彼此滋养，彼此照亮。

　　最后想说，我特别喜欢这本书的语言。张志公先生说："语言的运用从旧不从古，从俗不从雅，从易不从难。"李老师的书正是这样，明白如话，读来一点不晦涩。但如果你据此就认为这本书太简单的话，那你就错了。这本书的语言既有诗意的表达又有严密的写作逻辑。"让风筝在蓝天写诗，让笑声把原野吵醒。""眼看着无人机在天上被狂风刮走，就像看着自己几个月大的孩子被人贩子抢走了一样，我简直要哭了！"这些或水灵或俏皮的句子把故事点缀得有声有色。在《民主仅仅意味着"少数服从多数"的投票吗？》和《教师需要"手握戒尺"吗？》这两篇文章中，李老师先树靶子，再打靶子，论证全面，分析透彻，让人读后心服口服。发人深省的"李氏"教育金句比比皆是："将艺术特长绑架在应试教育的战车上，这是对艺术的玷污。""将孩子摁在题海中挣扎，与把他们绑在钢琴前受罪，对孩子是一样的残酷。"……

　　读这本书就是与一个个美好的生命相遇。那种感觉如一缕微风拂过指尖，如涓涓清泉流入心田，如暖暖的阳光穿过叶间，我想把这种感觉叫作"爱"。愿读完本书后的我，我们，像李老师一样，火一样地爱着这人世间，爱着我们的——教育。

李 丹

2023 年 12 月 12 日

序二　用生命润泽生命

有一个名字从我读大学起就耳熟能详，时时萦绕于脑海，甚至奉为神明。

2021年暑期，我在"镇西茶馆"看到了"李镇西博士工作站"第四期学员的招新启事，心中大喜，终于有机会用最好的方式得见"偶像"——成为他的学生。

两年过去了，当我翻看着这一摞厚厚的书稿时，工作站学习中的点点滴滴又浮现在眼前。至今我还清楚地记得，2021年8月20日，参加工作站面试时李老师对我们说："教师应该有怎样的生命状态呢？当你发现你自己热爱阅读，热爱写作，热爱运动，热爱自然，热爱拍照，那么你就是天生当老师的料。"也记得2021年9月11日，当我们在马边做支教活动时，李老师问我们："你们觉得加入工作站是偶然还是必然？"我内心有一个坚定的声音告诉我，这是必然。因为我们就是这样一群人，一群热爱教育、爱好教育的人，因为同频所以相遇，正如千千万万有教育激情的教师与李老师的相遇一样，相遇在李老师的著作里，相遇在李老师的公众号里，也相遇在李老师的影响里……

也是在2021年，刚进入工作站不久，我就因学生投诉被学校处分——撤去班主任。当李老师给我发微信问起这件事时，我的内心忐忑不安，想立即跟他解释，但由于李老师第二天还有很重要的报告要作，只能等……那是我生命中最漫长的一个夜晚，整夜无眠，忧心忡忡，担心会被逐出师门，甚至开始怀疑自己，否定自己。第二天跟李老师通了很久的电话，在我叙述完后，他说："跟我了解的情况几乎一样，而且我最关心的问题是你如何对待投诉你的学生，你刚才已经告诉我了，我觉得你做得很好。不要觉得给李老师丢脸，我就是来帮助你们成长的啊……"那一刻我嚎啕大哭，被撤职后，除了学生围着我哭的时候我掉过眼泪，其他时候我都表现得很淡定。后来李老师还专门在公众号上针对这件事写了一篇文章（参见本书《冲动犯错被撤班主任，冤不冤？——致一位被举报的年轻老师》），文中除了对我的批评指导外，也肯定了我的为人。正是李老师的文章给了我继续前进的力量，正如很多老师在"镇西茶馆"的留言中写到的那样，李老师就是我生命中的一束光，他用他那温暖的光重新点燃了我心中的火，对教育的热情之火，对学生的热爱之火。

他总是这样真诚地关注和温暖着身边的每一个人，甚至每一件事。从教育行业到各行各业的人都能引起他的关注，从校长到列车长，从教师到贴膜师傅……他总是感激着生命中遇到的这些美好的人，给他理发的胥师傅和他的女儿，在飞机上帮他找回笔记本电脑的傅仲德、柳杨和刘倩，服侍过他母亲的周姐，打车时遇到的罗师傅，楼下五金店的小苏，小区附近补鞋的师傅……每一个热爱生活、认真劳作的人都是他的关注对象，每一件发生在他们身上的小事都能引发他对生活、对人生的思考。而每一次，当我看到李老师的故事，就又燃起了对生活及未来新的希望……

他不仅用他温润、敦厚、博丰的生命灵魂润泽着身边的每一个人，还用文字滋养着我们。

李老师的文字究竟有何魔力？为什么李老师的文章总是能引起大家的共鸣，也总是会引发教育行业的热议？当你细读他的文章，就会发现，李老师的文章朴实却鞭辟入里，看似平凡却字字珠玑、句句在理，总能直击要害。有时，他也会对现下一些常见的现象进行辩证，他在《教师需要"手握戒尺"吗？》一文中就直接批评了当下较为流行的一句话"教师要手握戒尺，心中有爱，眼中有光"，他指出惩戒与惩罚不同，更加不同于体罚。难道真的只有使用体罚的手段才能达成教育？作为成年人的我们都在不断犯错，更何况是孩子呢？每个人都有试错的机会，我们不就是在不断地犯错—反思—改正中成长的吗？正如那位投诉我的学生，他犯了错，我批评了他，在批评他的过程中我又犯了更严重的错，于是他投诉了我。可是投诉后，最难受的人是他而不是我，因为念着我的好，他每天在教室里都如坐针毡，甚至在升入高中后，也会偷偷拜托同学来给我送小零食却不敢让我知道。你看，明明是老师犯了更严重的错，他却依然这样爱自己的老师，这是多好的孩子啊！作为老师的我们又怎能不与时俱进，不断反思、修炼、提升自己呢？

  我想，这就是李老师文字的力量吧，给我们思考又给予我们新的希望。正如李老师常年挂在嘴边的那句话"让人们因我的存在而感到幸福"，我们正因他的存在而感到幸福！我也期望着有一天我的学生能因我的存在而感到幸福！

  用生命润泽生命，用热情唤醒热情，不正是如此？

  李老师的故事总是听不够，李老师的课也总是听了还想再听，李老师的智慧总是学不尽，所以才有千千万万的读者通过他的文字来向他学习……

  吾师光明似月，我当以此为鉴！

  得遇良师，何其有幸！

王慧茹
2023 年 12 月 13 日

目录

辑一 ○ 叮咛

- 3　教师应该有着怎样的生命状态？
- 7　环境无法改变，教师如何获得精神解放和职业幸福？
- 19　做干净的教育
- 28　你爱的是孩子，还是他的成绩？
- 33　人与人之间交往的最高境界是互相欣赏
- 35　教师对待职业的五种态度
- 40　对孩子说的每一句话，一定要慎之又慎啊
- 43　只追求"操作性"可能会害了你
- 46　民主仅仅意味着"少数服从多数"的投票吗？
- 50　教师需要"手握戒尺"吗？
- 54　有一种不讲道理叫"你来带个班试试"
- 58　如果老师被学生骂了或骂了学生，该怎么办？
- 65　冲动犯错被撤班主任，冤不冤？
　　——致一位被举报的年轻老师
- 70　做到这"四个不停"，你想不成功也很困难
- 73　坚持这"四个学习"，你想不成长都不可能

辑二 △ 师友

79 亲爱的老师，我把您对我的爱传递给了我的学生
　　——想念我的三位老师

88 "魏书生简直就不是人！"

96 魏书生究竟是不是神？

99 比容貌更美丽的，是她的教育

109 她是一位可以称作"先生"的人
　　——怀念朱小蔓老师

115 浩然之气扑面而来
　　——梁晓声先生印象

119 双重邂逅的美妙重叠

131 亲爱的喻钢

149 好人杨子杰

156 "何惧路远，胸有乾坤！"

辑三 □ 温馨

163 "笨笨",你在哪里?

166 胥师傅

171 周 姐

175 我从这位莫尔道嘎的医生身上,看到了普通人的善良与伟大

179 感谢傅仲德,感谢西藏航空
　　——笔记本电脑失而复得记

183 一位陌生的小伙子,却让我感受到这个社会的光亮与暖意

188 今天,我的手机丢了

192 头发是假的,爱心是真的

196 十元温馨与十分遗憾

199 我的无人机师父

204 楼下街边的贴膜小哥,你可能似曾相识

207 掉个手机,得个朋友

辑四 ◇ 视听

215 好的关系即教育的开始
　　——推荐纪录片《未来学校——新生体验》

218 教育是"钓鱼"吗？
　　——纪录片《未来学校——新生体验》指瑕

222 致敬《狙击手》

228 致敬《奇迹·笨小孩》

232 别以"爱"的名义，扼杀孩子的精神生命
　　——看《外太空的莫扎特》所想到的

236 "我们去解！"
　　——重看电影《今夜星光灿烂》

239 "火一样爱着"
　　——电视剧《人世间》观后感

247 张桂梅就是一座高山
　　——我看电影《我本是高山》

254 罗大佑戳中你的泪点了吗？
　　——听《童年》的感悟

辑一 ○ 叮咛

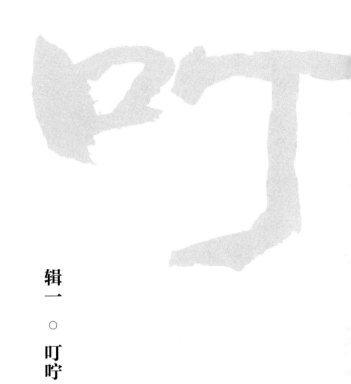

教师应该有着怎样的生命状态?

我一直认为,一个教师的职业高度取决于他生命饱满的程度。

教师的任务当然是"传道受业",但他首先是以自己整个生命在拥抱自己的事业。或者说,他在讲台上一站,就不只是以学科教师的身份面对学生,而是向孩子们呈现自己全部的生命状态,用自己的生命去润泽学生的生命。

虽然教育其实是师生双方在精神上的互相照亮,但作为教育的主导者,教师的生命状态无疑决定着教育的品质。

我有时候想,师生相处的主要时间是在课堂上,那么,一堂课 40 分钟,如果就算每天上 6 节课,那每周就是 30 节课,一学期按 20 周算的话,那就是 600 节课,一年就是 1200 节课,三年就是 3600 节课(如果教初中或高中的话),六年就是 7200 节课(如果教小学的话)!这 3600 个或 7200 个 40 分钟,就是我们生命的单位啊,也是我们所面对的孩子的生命的单位,每一分钟都是。

这么一算,我们就应该意识到,当教师站在课堂上面对孩子的时候,彼此的生命正在燃烧,也正在流逝。而对于孩子来说,这段生命正是他们一生中最关键的成长阶段。教育的神圣就在于此，教育的危险也在于此。

所以，如何以自己饱满的生命去润泽孩子正在成长的生命，是每一位教师应该认真思考的问题。这里所说的"生命"，当然包括健康的体质，但更是指人的精神状态。"用生命润泽生命"意味着——用思想照亮思想，用激情点燃激情，用爱心滋润爱心，用个性发展个性，用梦想唤醒梦想，用创造激发创造，用浪漫缔造浪漫，用情趣营造情趣，用人格铸造人格，用心灵赢得心灵……

那么，教师究竟应该有着怎样的生命状态呢？

总的来说，就八个字：拥抱生活，钟情教育。对我说来，这八个字又体现为五个"热爱"——热爱阅读，热爱写作，热爱运动，热爱自然，热爱拍照。

热爱阅读，应该是教师的生命呈现方式。每当置身书房，我就感到自己与古今中外的大师们并肩而立，沉浸于他们的思想，就是走进他们依然鲜活的精神生命之中，不断从他们的文字中汲取新的生命力量。热爱阅读，不仅仅是一种学习态度，也是一种生命态度。笛卡尔说："我思故我在。"对于教师来说，应该是"我读故我在"。就精神而言，生命的终止不在心跳的结束，而在阅读的停止。这种阅读的生命状态，将直接影响学生。

热爱写作，这是我记录生命的一种方式。就像阅读不只是语文老师的专业一样，写作也不只是语文老师的专长。敏于观察，勤于写作，这本身就是一种积极而旺盛的生命力的体现。写作，就是让情感得以珍藏，让思想得以凝固，让生命得以储存。现在，每当我打开家里书橱中发黄的本子，看到几十年前写的教育日记，我会感到自己的青年时代被激活了，已经很遥远的生活场景，浮现眼前，触手可及。这不是一种很美的生命状态吗？

热爱运动，不只是为了增强体质，也是为了健壮精神。一个教师应该有至少一项伴随一生的运动项目，这能让自己的身心随时处于一种积极进取的状态。我年轻时喜欢打乒乓球、篮球，后来喜欢跑步，中年以后坚持每天疾走至少五公里，直到现在——今天早晨我还疾走了五公里。当许多人还躺在床上的时候，你已经迎着朝霞与太阳同行了，一种生命的自豪感会油然而生。这种自豪感会传递给你的学生，他们也会不知不觉爱上运动的。

热爱自然，就是直接汲取大自然的生命力量，并以大自然为师。从刚参加工作起，我就喜欢带着孩子们走进大自然，去山上野炊，去河边戏水，去草坪摔跤，去森林探险，让风筝在蓝天写诗，让笑声把原野吵醒。是的，无论是小桥流水的幽雅情趣，还是大江东去的磅礴气势，无论是朝阳初升时小草上的一颗露珠，还是暮色降临时原野上的一缕炊烟，都能使我和我的学生深切地感受到冰心所言："我们都是自然的婴儿，卧在宇宙的摇篮里。"

热爱拍照，就是用另一双眼睛观察自然与生命。这是我年轻时就养成的爱好。当我一端起相机，我的生命状态就格外敏锐而专注，无论是拍人物，还是拍风景，都是记录最鲜活、最美丽的生命。无论是刚工作时的老式 120 海鸥牌相机，或是后来的傻瓜相机，还是现在的单反和手机，我的镜头前，永远是孩子们的身影和大自然的日月星辰。每次和多年前的学生聚会，那一张张或黑白或彩色的照片，就让过往的生命再次舒展、再次燃烧。

……

前不久，我参加了"千人走戈壁"的活动，和年轻人一起徒步 108 公里，穿越戈壁无人区。在烈日炎炎的戈壁，我把许多 90 后的小伙子甩在后面，因此一路上周围的人都对我投来敬佩的目光。

热爱生活，热爱自然，热爱生命，就是我保持至今的生命状态。

当然，这是我个人的情况。性格不同，性别不同，爱好不同，气质不同，学科不同……每一个老师积极饱满的生命状态当然应该有自己的呈现方式，尤其是兴趣爱好更不一定都必须是像我一样爱拍照，但"拥抱生活，钟情教育"应该是所有优秀而幸福的教师共同的特点。

年轻的老师不妨经常问问自己：

我是否喜欢校园里孩子们叽叽喳喳的欢声笑语？

我是否经常想加入孩子们的嬉戏之中？

我是否一想起开学就有点兴奋？

我是否一看见孩子们向我扑来就心花怒放？

我是否走进课堂就精神抖擞？

我是否一天不读书就怅然若失，而一见书本便情不自禁、手不释卷？

我是否有一项酷爱的健身运动？

我是否看见日出月落便随之心潮起伏？

我是否盼望着和孩子们一起在春天的阳光下追逐或在秋天的原野上奔跑？

……

这就是教师应该有的生命状态。

2022 年 8 月 20 日

环境无法改变，教师如何获得精神解放和职业幸福？

又到教师节了，似乎应该说点什么，不然总感到对不住每天关注"镇西茶馆"的朋友们。

几年前写过一篇文章《教师节不是"优秀教师节"，也不是"教育教师节"》，反响强烈，点击量 40 多万，昨天都还有人在后面评论。不能说我在文中所抨击的现象已经绝迹，但实事求是地说，这种情况已经大有好转。绝大多数地区的绝大多数老师还是能够在教师节受到尊重的。

而且，只要不怀偏见的人，都能感受到政府最近几年对提升教师幸福感所作出的实质性努力——我这里说"实质性"就排除了过去大家所习惯的（当然也很反感）那些口惠而实不至的套话。

比如大家最关心的教师待遇，我曾多次撰文呼吁提高教师待遇，并曾专门写过调查报告（参见《关于提高教师待遇的调查报告》）。应该说，情况确实有所好转。比如我所在的成都市武侯区，从 2017 年开始，每年暑假都给老师人均发放数万元的"一次性绩效工资"，且逐年增加。教育局局长说，成都市公务员停止涨薪，先让老师涨收入。我已经退休，所以没有什么感觉，但我特意问了问在职的一线教师，他们都拿到了一次性绩效工资，而且人人都有，连没有编制的老师也一视同仁。有位老师告诉我："我老公就是公务员，公务员确实停止涨薪了。"

当然，中国这么大，地区之间不平衡，还有许多老师的待遇依然很低。比如，我有一次在云南某市讲课，他们就没有听说过"一次性绩效工资"。政府在这方面依然还有很多工作要做。

而且，影响教师幸福感的因素还不仅仅是收入待遇，还有教师合法权利的维护（近年来侵犯教师权利的事时有发生，比如山东的"五莲事件"、电子科技大学的"郑文峰事件"，等等）、教师社会尊严感的提升、教师工作环境的改善（我这里指的不只是物质环境，还包括人文环境）、教师职业自由度的获得——如果教师所从事的职业，不再是单纯的教育本身，而是附加甚至强加了许多教育以外的种种"摊派"，教师是不可能有源于精神自由的幸福感的……

上述种种情况，尽管已经开始改善，但离我们的期待依然还有很大的距离，何况理想化的追求永远是没有止境的。因此，教育环境的改善和教师待遇的提高，还需要千千万万教师的齐声呼吁，更需要政府和社会加大力度，继续努力。

但今天我想说的是——在暂时无法改变客观环境的情况下，教师如何获得精神解放与职业幸福？

我有六条建议：

第一，努力调整自己的心态。

读到这里，我估计有人会不屑地一笑："心灵鸡汤又来了，又想忽悠我们！"我知道，所谓"心灵鸡汤"的含义已经演变为阿Q式的"自我麻醉"，或自欺欺人，但我说的每一个字都发自真诚的内心，而且都是我真实的职业体验。

几年前，我说过一句话："如果你对职业不满意，就两条路可以选择：要么改变职业，要么改变职业心态。"这话有点难听，有的老师很反感，但现实的确就是这么直截了当。

不过，我自己仔细想了想，其实，也还有一条路，就是尽自己的努力改变环境。但说实话，这条路很艰难，也很漫长，不是一个早晨醒来就会看到效果的，所以，对常态下的一线老师来说，真的只有我上面说的"两个选择"。我估计多数老师会作第二个选择：改变职业心态。

郁闷的老师可以问问自己：我是不是真的想当老师？或者，虽然我并不想当老师，但至少现在我是不是还不得不在教师岗位上谋生？如果答案为"是"，那么不妨再继续问自己一句：既然我还得当老师，那么高高兴兴是一天，哭哭啼啼也是一天，我愿意要"哪一天"？

我相信只要心智健全的人，都会选择"高高兴兴"而非"哭哭啼啼"。

有老师会说："这道理谁不懂呀？我也懂。可是那么多的不合理、不公平，使我郁闷，让我纠结，我高兴不起来呀！"

好多年前，我写过一篇文章，有这样一段——

> 我不是主张面对不公不平要逆来顺受，不，如果可能我们完全可以也应该依法维护自己的权利与权益。问题是，由于种种原因，很多时候事情并不是那么简单，种种不公也不可能在一个早晨彻底消失。那怎么办呢？还是得调整心态，从容应对。何况，很多时候缠绕我们的不过是一些琐碎的烦恼，完全可以一拂了之。李白有一句诗："空长灭征鸟，水阔无还舟。"不是天空没有飞鸟，而是晴空万里，辽阔无边，一两只鸟简直微不足道；不是水面没有船只，而是烟波浩渺，水天一色，一两只船也就微乎其微了。这是胸襟，也是心态。某种意义上说，拥有了好心态，便拥有了幸福。

在我曾任校长的武侯实验中学，有一位叫袁伟的计算机老师，他是我校公认的电脑专家，其专业技术能力在我看来用"非常精湛"都还不足以说明他的厉害。平时全校老师们遇到电脑方面的问题，无论大小，第一个想到的就是袁伟。而每当这时，无论袁伟有多忙多累，只要一个电话，袁老师总是毫无怨言地解决。生活中的袁伟，性格内敛，朴实木讷，和大家在一起的时候，往往是个沉默的聆听者，谁讲了一句笑话，他偶尔附和着大家憨憨地笑笑。他和谁都不争，特别是对名利更是看得非常淡，他却因此赢得了全校师生的尊敬。很长一段时间里，由于评价考核制度本身的缺陷，他什么荣誉都没有（当然，他现在有了包括"成都市学科带头人"等荣誉称号），但他成天乐呵呵的，好像从没有遇到什么"不公"。人们都说："伟哥从没烦恼。"其实，所有人遇到过的烦恼他都遇到过，但他从不往心里去，从容淡定，该干啥干啥，因为他心态好。

所以我说，管不了别人，但可以管住自己的心——好心态还得自己调节，好心情还得自己营造。

那么，怎么"调节"，怎么"营造"呢？请继续听我的建议。

第二，和有追求的人在一起，形成"小气候"。

我刚才说"好心情还得自己营造"，这话是对的；但换个角度说，好心情也是别人给的。我的意思是，和情趣相投、志同道合的人在一块儿，心情自然是不一样的。所以，我们应该努力寻找精神上"尺码相同"的人。

人们常说："比起社会，学校还是要纯净得多。"我不太同意这个说法。一个学校就是一个社会，社会有多复杂，学校就有多复杂，没有什么绝对的"纯净"——有时候连"相对纯净"也谈不上。圆滑世故、勾心斗角、工于算计、吹牛拍马、趋炎附势……谁敢说学校就没有这些？在这样的环境中，我们的心情怎么会好？

但是，学校绝不是只有这些。我坚信，就算是风气再糟糕的学校，依然有着教育理想主义者的身影：有良心，爱孩子，认认真真地对待每一堂课，学校的各种闲言碎语和无聊纷争似乎都与他无关，因而都不能左右他一颗宁静的教育心。

只要仔细观察和感受，学校里这样的老师恐怕不是一个两个。"物以类聚，人以群分"，对于想继续当老师的年轻人来说，寻找这样的人，亲近这样的人，追随这样的人，就是寻找、亲近、追随教育的幸福。

"小圈子"的说法多少带有一点贬义，但我认为，教育者志同道合的"小圈子"没有贬义，越多越好。如果一旦找到、建立或进入这样的"小圈子"，你必然会被感染，心情自然会舒展。

这样的"小圈子"往往有一定的载体，比如"读书会""教育沙龙"，或者不一定有那么正式的名称，但一有空（比如晚上或周末），大家往往就聚在咖啡厅、茶馆或一间朴素而温馨的小屋里，阅读交流、案例分享、经验展示、教训剖析……或者是围绕一本教育经典著作展开讨论，或者是由一个老师最近的教育故事联想开去探寻"后进生"转化的奥秘，或者是某一个社会现象引发大家对教育的深度思考，或者是对某一个教育观点的激烈争论……

这样的"小圈子"不完全是民间的，也可以是"官方机构，民间色彩"。20世纪80年代刚刚参加工作的我担任教工团支部书记，我们十多个年轻人以"团支部"为载体，经常聚在一块儿，有时候是正式的组织生活，有时候则是比较随意的沙龙。社会热点、人生话题、改革风云、教育探索、读书分享、观点争鸣……一群年轻的教育理想主义者互相温暖，彼此激励。后来，有的老师因超龄而退团了，但我们的这个"小圈子"依然存在了很久。

置身这样的"小环境"，沉浸于这样的"小氛围"，平时感到"迈不过的这个坎""咽不下的这口气"渐渐隐去，都变得那么微不足道，心情也会变得宁静、舒适起来。

莫泊桑曾写过一篇《福楼拜家的星期天》，生动地描绘了周末的时候，屠格涅夫、都德、左拉等人来到福楼拜家的情景。莫泊桑这样写道："他们相同的思想、哲学观点和才能；共同的趣味、生活和梦想；相同的文学主张和狂热的理想，共同的鉴赏能力与博学多识使他们两人常常是一拍即合，一见面，两人都不约而同地感到一种与其说是相互理解的愉快，倒不如说是心灵内在的欢乐。"

这当然是一群世界级大作家的聚会，但作为普通的老师，我们也完全可以有这样的充满思想魅力的"星期天"。

第三，尽量多和孩子在一块儿，获得永不枯竭的纯真与快乐。

我从来不认为教育和所有职业一样，"不过就是一项普通的职业而已"——许多朋友正是这样说的，但我从来都旗帜鲜明地反对这个职业定位。

教师这个职业面对的对象是人，而不是物。当然，和人打交道的职业远不只有教师，还有医生、警察、律师、商店营业员，甚至是街头小摊主，不也是和人打交道吗？但是，教师所面对的人，是正在成长中的人，是具有不同性格、不同禀赋、不同精神世界的儿童！而且和这样的儿童打交道不是偶尔或短时间，而是"每天面对"——长达三年、六年，或更久。

更重要的是，和其他职业所面对的"人"不同，与教师朝夕相处的孩子，天真、纯洁、阳光、清澈……"那时候，我们以为天上的星星一定能数得清，于是便真的去数了。"这是作家王开岭对童年纯真的形象描绘。

而这份一尘不染的纯真，正是我们做教师幸福的源泉。

回想我刚参加工作的头几年，因为种种原因，我也遇到过现在一些年轻人所遇到过的"不公平"，因而也郁闷过，但正是我每天面对的学生给了我最纯粹的教育快乐。在《幸福比优秀更重要》一文中，我曾这样回忆——

我想到我的青年年代，那时候我是一个刚大学毕业走上讲台的年轻人，除了激情一无所有。那时候，我初生牛犊不怕虎，没学会走就直接跑，当然也有无知导致的无畏，于是语文教改有声有色，于是班主任工作有滋有味，于是也引发无数争议，但我不管，每天都乐呵呵的，用比较文艺的说法，叫"意气风发"；我每个星期天、每个寒暑假都和孩子们泡在一起，在小溪里捉鱼，在岷江边戏水，让风筝在海洋般的蓝天上优雅而自信地写诗，让歌声在似乎走不到尽头的原始森林中激荡我们肆无忌惮的青春……而这一切，几乎都受到非议，但我不管，开心就行！有时候领导批评我，我也不觉得委屈，因为这一切都是我"自找"的。什么"中高"，什么"特级"，不给我评没关系！没有什么比拥有一颗自由而幸福的心灵更重要的了。一直到2003年评上四川省中学特级教师之前，我几乎没有什么"拿得出手"的荣誉。但我真的很坦然——幸福比优秀更重要！

但很遗憾，现在一些老师不太爱和孩子玩了，他们和孩子的关系仅仅是"教与学"的关系。而只站在讲台上和孩子打交道的老师，是不可能获得教育幸福的。

苏霍姆林斯基说："我总想和孩子们待在一起，跟他们同欢乐共忧患，亲密无间，这种亲昵感乃是教育者创造性劳动中的一大幸福。我曾时时试图参与某个儿童集体的生活：同孩子们一起去劳动或到家乡各地区去远足，去参观旅游，帮助他们享受到一些不可多得的欢乐，缺少了这种欢乐就难以想象能有完满的教育。"他甚至认为："如果我跟孩子们没有共同的兴趣、喜好和追求，那么我通向孩子心灵的通道将会永远堵死。"

每个老师都要问问自己：我和孩子有没有哪怕一个共同的爱好？我经常和孩子一起玩儿吗？

当然，我知道，今天的中国不是当年的苏联，甚至2019年也不是1982年，因为现在的老师们有着太多的教育以外的负担了，各种表格，各种材料，各种应付，各种检查……老师们疲于奔命，除了上课，确实难以有更多的时间和孩子们待在一块儿。但是，"难以"不等于"绝对不可能"。对于真正热爱孩子的老师来说，无论多么忙，他总可以找到和孩子一起玩儿的时间。

因为职业幸福，这是我们内在的精神需求。

第四，让自己的每一天都充满创造性。

千篇一律的生活总是枯燥的，而枯燥的日子谈不上半点儿快乐。备课、上课、批改作业……每天都重复着昨天的故事，是不可能感受到教育的职业幸福的。

英国广播公司（BBC）曾做了一个关于"职业淘汰"的大数据调查，其中，导致职业淘汰的一个最大因素即"大量的重复性劳动，每天上班无须过脑，但手熟尔"。而有一些职业之所以不容易被淘汰，重要原因之一正是创意和审美。

有一个关于马和驴的寓言。马和驴从小一起玩儿，是好朋友，长大后为各自的主人效力而分别。多年后，马和驴再次相逢，驴非常羡慕也非常伤感地说:"你看你这么多年来走南闯北,有那么多的见闻,而我一直在这里围着磨盘转,什么都没有。"马回答说:"其实,这么多年来,我俩每天都在行走,我们走过的路程一样长,我并不比你多走路,但是我每天走的路都不一样,而你每天都在走相同的路。"

假设一下,两个大学同班同学毕业后分到同一所学校,都当班主任,都承担相同工作量的教学,都很敬业,很勤奋,且爱孩子。但三年过去了,其中一人成就突出,成长迅速,因而获得了丰富的职业幸福;另一人则成绩平平,成长一般,职业倦怠正渐渐滋生。这是为什么?因为前者工作了三年,实则是一千天,因为他每一天都不一样,都充满创造的因素;而后者工作了三年,实则是同一天,因为每天都是在重复昨天的一切。

因此,如同上面那个马和驴的寓言所示,每天走相同的路必然枯燥乏味,而每天走不一样的路自然情趣盎然。

对教师来说,"每天走不一样的路"就意味着前面所说的"创意和审美"。

有的老师会说:"学校工作就那么一些事儿,哪有那么多的'天天创新'呀!"对的,我也说过,教育总是朴素的,一天一个"新花样"多半是假教育。但我这里说的"让自己的每一天都充满创造性",指的是尽可能让我们常规的教育(班主任工作)与教学(课堂教学)少一些简单的重复,多一些富于个性的创意。说"每一天都充满"有些夸张,但尽可能不重复我们自己,则是完全可以的。

我是教语文的,几十年来,我很少用相同的方法教同一篇课文。每次上课,我都当我是第一次教新课文,用和上次教学不一样的方式,或者即使大体思路一样,也会有一些不同。我不是刻意为"不同"而故作"别出心裁",而是因为年代不一样了,学生不一样了,我的人生阅历不一样了,我的阅读和见识也不一样了……这一切因素落实到具体的课堂教学,必然会"不一样"。所以,我从来没有感觉到语文教学的枯燥,相反每一次上课都觉得很舒心。

我长期担任班主任,几十年来,从来没有用相同的模式带过班。刚工作不久,我就当班主任,琢磨着怎么样让孩子们快乐,让我自己也开心,于是就想法子在班级建设上突出"好玩儿":班级命名、班训拟定、班会设计、班歌创作……于是,"未来班"诞生了。再后来带高中班,我没有简单重复"未来班",而是在教育中注入了"未来班"没有的民主教育和公民教育,体现在班级管理上便是学生自治、师生平等……就这样,几十年来,我从来没有两个班是相同的,我的每一个班都有着独特的色彩,而我越当班主任越有乐趣。

创造性,这是我们从平凡工作中获取幸福感的重要源泉。

第五,如饥似渴地阅读,与遥远的思想者对话。

这个建议其实是个老话题了,但我们以前说教师阅读,更多的是从"专业发展"的角度谈阅读对教师成长的作用和意义。其实,阅读本身还能给我们带来快乐。

1989年的秋天,当时由于种种原因,我遇到旁人看来的"严重不公",周围的许多同事都私下为我"鸣不平",甚至包括学校领导也觉得"上面是有些过分",想尽可能地给我一些安慰。有一天晚上,一位同事来到我家里,看到我满桌子翻开的书,他感慨地说:"我本来想安慰你的,但看到这满桌子的书,我觉得你的精神世界如此充实,我的安慰完全是多余的,因为你不需要。"

是的,当时我也苦闷,但只要一进入我的书房,置身思想的海洋,我就忘却了眼前的烦恼——它们一下子显得那么琐碎而不足挂齿。阅读,尤其是阅读大师的著作,不但让我的心灵变得平静起来,而且也让我一下子觉得自己站在了人类精神的高地,胸襟开阔,视野无垠。

很难想象,如果没有书房,我一度似乎"失魄"的灵魂将何处安放?一旦拥有了自己的藏书,古今中外遥远的哲人和大师都和我朝夕相处,我的灵魂就有了家园。

于是,我的精神世界逐渐饱满、丰盈起来,而饱满、丰盈的精神世界是没有悲观、消极的容身之地的。关键是,广泛的人文阅读(不仅仅是教育专业的阅读),让我的思想一下子丰富起来,视野也变得开阔起来,或者说看待世界,看待历史,看待中国,看待周围的人,看待不同的文化和制度,就多了一些哲学的眼光、历史的眼光、经济的眼光。我就不容易被人蒙,不容易上当受骗。

也是年轻的时候,我在星期天和寒暑假经常带学生出去玩儿,近在郊外,远在省外,当时有人"看不惯",议论说"李镇西标榜自己爱学生",我听到后当然难受:难道我错了吗?但是当我读到苏霍姆林斯基《帕夫雷什中学》中的一段话,心中的阴云立刻消散了。苏霍姆林斯基叙说了他自己买船,假期里带领孩子们"水上旅行",他写道:"可能有人会想,作者借这些事例来炫耀自己特别爱孩子,不对,买船是出于我想给孩子们带来快乐,而孩子们的快乐,对于我就是最大的幸福!"

读到这里,工作才两年的年轻的我,忍不住热泪盈眶,因为我想到我曾与学生站在黄果树瀑布下面,让飞花溅玉的瀑水把我们浑身浇透;我曾与学生穿着铁钉鞋,冒着风雪手挽手登上冰雪世界峨眉之巅;我曾与学生在风雨中经过八个小时的攀登,饥寒交迫地进入瓦屋山原始森林……每一次,我和学生都油然而生风雨同舟、相依为命之情,同时又感到无限幸福。

可这些都多少遭到一些误解和讥讽,但当我读到苏霍姆林斯基这段话时,我的心一下被照亮了。原来苏霍姆林斯基也曾经遭到类似的讥讽,他这段描述和议论给了我有力的精神支持:"不对,买船是出于我想给孩子们带来快乐,而孩子们的快乐,对于我就是最大的幸福!"我从书中读到了信心——我没有错,我是正确的;也读到了信念——"孩子们的快乐,对于我就是最大的幸福"。

是的,这种幸福不只是我赐予学生的,也不单单是学生奉献给我的,它是我们共同创造、平等分享的。苏霍姆林斯基写的就是我啊!

苏霍姆林斯基在把我照亮的同时,我感到我也把苏霍姆林斯基照亮了,因为我以自己同样鲜活的故事,为他这段文字提供了一个中国版的教育案例。所以我说,阅读最理想的境界,就是读者和作者彼此"照亮"。

阅读,就是这样给我以力量和幸福的。所以,我多次说,书房应该是一个教师的标配。

第六,坚持不懈地写作,缔造属于自己的教育传奇。

写作,是一种自我宣泄。许多郁闷乃至愤怒可以通过写作倾泻出去,而又不会造成对他人的不良影响。年轻时我读过一句话:"内心的宁静,能够抵御任何外在的风暴。"

作为老师,我们也可以通过写作调节自己的心理状态,获得一种精神上的自由与宁静。

但我这里要强调的是,写作不仅仅是消极的情绪宣泄,更是积极的生活积累和思考沉淀。通过教育案例、教育实录、教育杂感、教育故事等的写作,我们不仅可以记录教育生命的点点滴滴,也升华了自己的教育思考。这些文字不一定能够发表,但哪怕就算是只有自己一个读者,看着日复一日积累起来的鲜活文字,也会有一种源于成就感的幸福。

这些文字过滤了生活的琐碎,只有纯粹的教育,营造了源于现实又抹上一层理想色彩因而高于现实的"世界",进而塑造了另一个"我",然后审视着、欣赏着、反思着、质疑着另一个"我"。这是一种非常美妙的自我对话。

在这里,我特别强调和教育科研相结合的写作。我这里说的"教育科研"当然是指真科研,即源于自己班级和课堂真实难题的研究。我经常说,"把难题当课题"就是最好的教育科研。实践、思考、阅读、写作,就是这种研究的特点——在实践中发现问题、研究问题,并解决实践中的问题;同时,不停地琢磨、比较、判断、提炼……在这一过程中,带着思考去有目的地查阅各种书籍资料,然后将一个一个的案例写下来。这就是我说的"把难题当课题"的研究。

比如,刚工作那几年,我在语文教学过程中,深感仅仅是字词句教学,是无法抵达"语文"应该抵达的心灵层面的;当然应该从语言出发,但必须穿透字句而进入其精神的内核。那么,该怎么教才能"抵达"和"穿透"呢?我结合每一堂课进行探索、思考,并阅读大家的书籍理论,再回到课堂,在阅读教学和作文教学等方面进行尝试,最后写成一篇《从"语文教学"到"语文教育"》的文章。然后我继续深入实践、思考、阅读、写作,陆续写出并发表了《变"应试语文"为"生活语文"》《语文:请给学生以心灵的自由》《我的语文素质教育观》等有影响的文章。

沉浸于这样的研究与写作，心中的愁云会在不知什么时候悄然散去。何况，长期这样的写作，必然带来丰厚的回报——发表文章，出版著作，这将是一种怎样的成就感和幸福感？

退一万步讲，哪怕是一个字都不能公开发表，这些写作也是有意义的——基于生命和教育的文字，为我们的将来提供了温馨的记忆。

想像一下，当我们退休以后，翻开这些有声有色、有滋有味的文字，一个个的故事，一个个的人物，一个个的场面，还有我们内心的激荡起伏、思想的自由飞翔……或许我们会情不自禁地感慨——

那是我用饱含生命的文字为自己创作的一部大片，它叫"致青春"，或"芳华"。

2019 年 9 月 9 日
写于云南

做干净的教育

昨天（2019年5月16日），"李镇西博士工作站"第二期学员举行了最后一次研修活动。我们请了一位著名学者给大家讲读书，然后每一个学员谈自己进入工作站后两年来的收获与成长。每一个老师都讲得很真诚、很朴实，让我很感慨、很感动。本来没有准备讲话，但被老师们的分享所启发，最后我也讲了一番话。今天在上班路上，回想自己的那番即兴发言，觉得很有意思。来到办公室，赶紧凭记忆将昨天的发言记录如下——

虽然刚才老师们谈的主题和内容都是两年来的收获和成长，但大家的讲述毫不雷同，每一位老师都带着感情在讲述两年来走过的路。有的老师还流了泪，我也很感动。

我想到一个朴素的问题：究竟我们大家为什么聚到了一块儿？不同学科，不同学段，不同年龄，彼此以前素不相识，但我们却一起走过了两年。这是为什么？听了刚才老师们的讲述，我想，说到底还是因为我们有一个最根本的共同点，那就是我们都发自内心热爱教育，而且想做纯粹的教育！

现在的教育似乎已经越来越畸形，让很多人不满意。上个月在外地出差，和几个老朋友吃饭，说到教育，大家都在叹息。读二年级的孩子，作业负担就很重了，不得不让家长帮着完成作业，不然孩子睡眠不足啊！还有一些教师势利，明里暗里索要礼物，公然劝说家长以物质的方式"和教师搞好关系"……我的朋友说起这些都感到很无奈，当然他们也理解现在的教师待遇太低，这是一个社会问题。还有的学校向刚进校的一年级孩子家长发调查表，询问家长有哪些亲戚朋友在"重要部门"，有哪些"人脉关系"可以为学校"提供支持"，而这些调查结果都会影响孩子的编班——当然，这不会明说！我甚至听说在一个地级市有家长为了读当地最牛的公办名校，居然要花上万元钱去"打通关节"！我听了这些，感到震惊，也理解了为什么社会上那么多人一方面拼命给孩子选择"名校"，另一方面又拼命骂所择的"名校"。不要动辄说媒体"妖魔化"教育，这样令人恶心的"教育"，我都要骂！

作为一个教育者，我感到耻辱，我们都应该感到耻辱！今天早晨，我接专家走进教科院大门，卢晓燕听我在给专家说："我没有想过改变这个世界，我哪有这个能力啊？但我希望我不要被这个世界改变。"这是我以前多次说过的话。不过，我有时也想，也许我能够改变身边的一两个人，哪怕能改变一个人，我也觉得自己了不起了。何况，我们在座的是20多个人。至少我们是干净的教师，我们追求做干净的教育。

刚才听周屈舟老师的发言，我很感动。她说在现在的教育制度下，孩子的负担重她也没办法，但她提醒自己在工作中尽量不要再给孩子加压，自己能够为孩子减轻多少压力就尽量减轻多少压力。我特别感动，这就是有良知的教师，这就是有人性的教师。相反，有的老师不这样想，他会说："对不起，我也没办法，上面要给我下任务、下指标，我只能这样做。"于是层层压力全压在可怜的孩子身上！周屈舟只是一个普通的小学老师，但她做到了我经常给你们说的"枪口抬高一厘米"！她没有把责任推给校长、推给社会，而对学生变本加厉，成为应试教育的助纣为虐者，这就是有良知的教育者。

还有，周屈舟老师说，她从没有收过来自家长的贵重礼物，当然，教师节的一张卡片、一束花她是收过的，但她非常自豪地说，她和家长保持着很纯净的关系。其实，在我看来，教师和学生家长之间的这种纯净关系过去是一种常态，没有什么"高尚"可言，但放在今天的大背景下，这就是了不起！这就是干净的教育。

我为什么要办这个工作站？很多人问过我，其实我也问过我自己。从世俗的眼光看，这个工作站确实"毫无用处"，既不能给你们带来任何名利——这不过是一个在教育局支持下的民间甚至私人学习团队，没有文凭，没有证书，而且对我来说，除了耗费我的时间和精力外，没有一分钱的报酬，我就是一个退休老师在无偿地为你们的成长提供帮助，有时候真的很辛苦。比如，昨天我从安徽回来，明天又要去新疆，本来我可以从安徽直接去新疆的，但我为什么要特意回成都？就是因为今天有你们的这个活动。坐飞机真的很累，但我为什么要这样做？为什么要不辞辛苦搞这么一个工作站？不是说我有多么"无私"，我的想法很简单，就是利用我的一些优势和资源，为真正有理想追求的年轻老师提供一些平台和机会，让你们在成长过程中少走弯路，不也挺好吗？我的初衷就这么简单。

一个人的成长，最根本的还是自己培养自己，而且前提是必须有成长的强烈欲望。根据著名的达克效应，一个人的自信程度和工作时间呈现这样四个阶段：刚工作时自信满满，觉得所有困难"不过就那么回事儿"，没有什么搞不定，完全不知道自己还有许多需要学习的地方，这叫"不知道自己不知道"，这是处于"愚昧山峰"的最高处；过了几年，开始清醒了，觉得工作不是那么简单，许多问题自己完全搞不定，要学的太多了，开始紧张恐慌，这叫"知道自己不知道"，于是开始学习了，大量学习，向同事学习，向名家学习，向书本学习；过了几年或十几年，越来越成熟，智慧也越来越多，自信重新回来了，这叫"知道自己知道"，这种自信不是盲目自信，它基于一种专业智慧的底气；最后一个境界，叫"不知道自己知道"，这是大师级别的境界，什么意思呢？就是各种智慧完全已经变成潜意识，有时候遇到难题根本不用思考，一出手便迎刃而解，十分圆满，过后才意识到——原来我这么厉害啊！这就是"不知道自己知道"！你们现在正在处在"知道自己不知道"和"知道自己知道"的阶段，我相信你们也会到达"不知道自己知道"的境界。

　　我们这个工作站很特殊，它不是关于具体学科教学的研修团队，比如"吴正宪工作室"就是专门研究小学数学教学的，王崧舟的团队就是专门研究小学语文教学的。其实我当初也想过，根据我的专业，搞一个专门研究中学语文教学的。但后来我想了想，还是跨学科、跨学段比较好，我们要解决的是最根本的教育问题：人生情怀、教育理想、职业认同、专业素养、精神世界、人文视野、工作智慧、课堂艺术……有老师刚才说，以前以为这个工作站是每个月由李老师主讲，结果两年下来，李老师讲得很少，相反请了许多以前在书里才看得到的名师大家来开讲座。是的，我没有想过要给大家讲多少，我要讲的，都在我的书里，在我的微信公众号"镇西茶馆"里，你们去看就是了。我要做的，并不是给你们讲多少"理论"，也不是教给你们多少"技巧"。读理论和学技巧都不是我们工作站的主要任务。昨天我收到一个老师的申请，她希望加入第三期工作站，她的申请理由居然是因为无法解决学生不做作业的问题，于是想参加工作站学习一些智慧。我笑了，这还需要到我这里来学习吗？这是你自己要研究的问题啊！老师们，两年来我从不给你们教授具体的教育技巧，但我给你们说了一句话，就解决了你们所有的教育难题，这句话是什么呢？对，就是"把每一个教育难题都当作科研课题"！所以，你遇到难题找我没用，但你用我这句话去面对每一个难题，管用的！

　　那工作站做什么？我要做的，就是让你们读书，让你们面对面地亲耳聆听于漪老师、杨东平老师、吴正宪老师、王崧舟老师、华应龙老师等杰出教育者的教诲，打开你们的视野，给你们的精神世界投进一抹光亮！

　　平时我从不给你们布置计划、总结之类的任务，也从不规定你们要写多少文章之类的，第一次见面我给你们推荐了40本著作，也没有规定你们必须在什么时间内读完，然后写文章，刚才有的老师说还没读完，不要紧，继续读就是了。虽然我这么宽松，但刚才老师们都说，你们自己却感到了压力，尤其是团队老师之间形成一种彼此的激励。许多老师都说，最近两年读的书，比工作以来阅读量的总和还要多。我没有逼大家写文章，但许多老师已经养成教育写作的习惯。这不就是你们的成长吗？而你们的成长，就是我的成果。

所以，我们这个工作站衡量你是否成长的标志，不是看你这两年是不是发表了文章、出版了著作，不是看你是不是被评为这个"先进"那个"优秀"，也不是看你这两年是不是被发展入党了、被提拔当教务处副主任了——当然，这些都是成长的标志之一，但在我这里，不是主要的标志。在我这里，你是否成长的主要标志是——你是否养成了读书的习惯？你是否养成了写作的习惯？你是否养成了反思的习惯？遇到教育难题，你是不是比过去更有办法了？遇到调皮的学生或不讲理的家长，你是不是比过去更从容了？你的抱怨是不是减少了？你的心态是不是更平和了？你的每一天是不是更充实了？你的职业幸福感是不是增强了？等等。

从刚才20多位老师的成长分享看，你们的确比两年前更爱阅读、写作和反思，更平和、更从容、更幸福了。这不就是成长吗？对此我非常欣慰。我的所有辛苦，都值啦！

在网上，我看到有不少教师动不动就唉声叹气，自己目光短浅，还嘲笑有理想的教师，以自己是"一线教师""农村教师"而大抒悲情。你们不也是一线教师吗？你们当中有的也来自农村小学，而且是相当偏僻的农村小学的教师啊！他们遇到的一切，你们都遇到了，但你们没有抱怨，依然保持理想和追求，这就是一种纯净的情怀。因为你们从教是自己的选择，你们是为自己做教育，不是为别人。你们一定会走得更远，而且更幸福！教育对我来说，当然也对你们来说，不只是一种职业，更是一种爱好——我现在不说"事业"，而更喜欢说"爱好"，既然是"爱好"，就完全是自己的事，而且没有"退休"一说，有些教师喜欢逛商店，难道会因为满55岁就不逛商店了，只是因为"退休"了吗？

我想到我的青年时代。现在我经常在网上被一些老师误解："您是名师专家，当然对教育可以理想化了！站着说话不腰疼！"因为种种原因，我年轻时以现在的话来说，也"很不顺利"，甚至可以说"遭受不公"，评优没我，入党没我，提干没我……而且这种状况持续了20多年。但我从来没有因此而"挫伤"过积极性,因为教育是我自己的事,我怎么可能因为领导给我的"不公"——其实现在想起来,未必都是领导"不公",有时候我的确也有问题——而放弃自己喜欢的事呢?你会因为挨了别人的骂,就不吃饭了吗?所以,一个人的心态和胸襟很重要。我过去也不行,虽然没有影响我的教育激情,但也有过郁闷。到后来,我的心态越来越平和,胸襟越来越开阔,基本上做到了任何外在的荣辱都不能影响我的情绪。我自专注于我的教育,其他都微不足道。并不是说后来就没有遇到过不舒心的事了,当然有,工作中的困难,同事的不理解,领导的误解,等等,包括网上——现在经常有人在网上骂我,但我从来不放在心上。我向朱永新老师学习,向魏书生、李希贵、程红兵、崔其升等人学习,站在人生的高度乃至宇宙的高度俯瞰每一天,有那么多有意义也有意思的事需要做,哪有精力去郁闷、去计较啊?所以,你们今后一定要随时调节自己的心态,开阔自己的胸襟,做一个精神世界无比敞亮通透的人!

我还是要强调读书。你们已经养成了阅读的习惯,这非常好,这也算是我的成果,而且是最让我开心的成果。要不断扩大自己的信息源,你知道的信息越多越全面,对这个世界就越有比较多的思考与判断的依据,就越不容易被蒙被骗,就越不容易被表面五光十色、喧嚣热闹的东西所迷惑、所左右。教师首先是知识分子,知识分子的本色是独立人格和自由思想,而永远保持自己的独立人格和自由思想,不迷信,不盲从,比什么都重要。因为我们是教师呀,教师的使命,就是为国家的未来培养公民。

我这个工作站也有遗憾。比如请名家大师当然很好,但让你们之间"同伴互助"少了一些,应该多搞几次让老师们互相分享各自成长经验的活动;比如第一期我还给学员们上课,很遗憾这第二期还没给你们上过课,还有许多不足,只有在第三期改进了。

你们老说感谢我,说向我学了很多东西,其实我也从你们身上学到了不少,真的,这不是客气话。你们的青春气息感染着我,让我也年轻起来。尤其是你们的教育情怀,让我感动,让我对中国教育,或者说我身边的教育还不至于那么悲观,至少你们的学生会因遇到你们而感到了教育的温馨,也让他们的爸爸妈妈感到了并不是所有教师都是势利的,都是粗暴的,也有干净的老师,也有让人发自内心尊敬的老师。所以,每一个老师做好自己,就是在为挽回中国教师的尊严尽自己的努力。

李镇西工作站第二期研修活动虽然结束了,但我们的共同学习并没有结束。我将会记住你们每一个人,并永远注视着你们的成长。我愿意继续提供我力所能及的帮助,有什么问题以后尽管找我。让我们一起继续以纯净的情怀,做干净的教育!

我爱你们!

(今天追忆记录完以后,我发给各位老师看,请他们回忆我有没有记漏的,让他们补充。老师们又给我补充了一些我昨天说过的话。因此,这个会议记录稿是我们这个团队的共同成果。谢谢工作站的老师们!)

2019 年 5 月 17 日

附推荐的教育书目:

1.《学会生存——世界教育的今天和明天》(联合国教科文组织国际教育发展委员会)

2.《教育——财富蕴藏其中》(联合国教科文组织国际教育发展委员会)

3.《陶行知教育文集》(陶行知)

4.《给教师的建议》(苏霍姆林斯基)

5.《和青年校长的谈话》(苏霍姆林斯基)

6.《帕夫雷什中学》(苏霍姆林斯基)

7.《要相信孩子》(苏霍姆林斯基)

8.《把整个心灵献给孩子》(苏霍姆林斯基)

9.《公民的诞生》(苏霍姆林斯基)

10.《给儿子的信》(苏霍姆林斯基)

11.《孩子们，你们好！》（阿莫纳什维利）

12.《孩子们，你们生活得怎样？》（阿莫纳什维利）

13.《孩子们，祝你们一路平安！》（阿莫纳什维利）

14.《新教育实验：为中国教育探路》（朱永新）

15.《致青年教师》（吴非）

16.《前方是什么》（吴非）

17.《不跪着教书》（吴非）

18.《课堂上究竟发生了什么》（吴非）

19.《面向个体的教育》（李希贵）

20.《为了自由呼吸的教育》（李希贵）

21.《西方近代教育论著选》（任钟印）

22.《教学机智——教育智慧的意蕴》（马克斯·范梅南）

23.《被压迫者教育学》（保罗·弗莱雷）

24.《什么是教育》（卡尔·雅斯贝尔斯）

25.《窗边的小豆豆》（黑柳彻子）

26.《教师的价值》（钱梦龙）

27.《中国哲学史（上）》（冯友兰）

28.《中国哲学史（下）》（冯友兰）

29.《哲学的盛宴（中国篇）》（胡适）

30.《唐宋词十七讲》（叶嘉莹）

31.《南渡北归：南渡》（岳南）

32.《南渡北归：北归》（岳南）

33.《南渡北归：离别》（岳南）

34.《爱心与教育》（李镇西）

35.《民主与教育》（李镇西）

36.《教育的100种可能》（李镇西）

37.《幸福比优秀更重要》（李镇西）

38.《教育为谁》(李镇西)

39.《自己培养自己》(李镇西)

40.《重读陶行知》(李镇西)

你爱的是孩子，还是他的成绩？

学者张文质先生有一句话流传很广："教育是慢的艺术。"我也特别认同这句话。教育的确应该尽可能从容一些，应该超越眼前的功利而着眼于将来。

如果说这句话谈的是比较抽象的教育理念的话，那么他的另一句对家长说的话就涉及对具体教育对象的理解了——

你一定要记住，你爱的是你的孩子，而不是他的表现。无论他表现好还是表现不好，他都是你的孩子。

我特别欣赏这句话，甚至很感动，感动于张文质对孩子的理解与尊重，以及由这理解与尊重而产生的对于"人"的爱。

张文质这句话本来是对家长说的，我认为更适合教师。因为有血缘关系，即使孩子表现不那么好，做父母的总归还是会爱的，毕竟是自己的亲骨肉。那么老师呢？每一位老师都应该问问自己：如果孩子乖、听话、温顺就爱他，那么他不乖、不听话、不温顺，还爱不爱他呢？我爱的是这个人本身，还是爱他的表现呢？

昆明丑小鸭中学的创办人詹大年在招聘教师的启事中列出的第一个条件是："爱学生，无条件，因为我们的学生还走在成为天使的路上。"既然"还走在成为天使的路上"，就说明还不是天使；既然孩子不是天使，那必然有许多缺点、许多问题，必然表现不好，但是"爱学生，无条件"！我们爱的是这个人，而不是他的表现。因为他的表现不好，就不爱他，我们就失去了对人本身的爱。

我还想对张文质这句话作个补充扩展——

我们爱的是孩子本身，而不是他的表现，也不是他的成绩，更不是他将来的地位。

有的孩子表现还行，守纪律，不捣蛋，看上去很乖，可就是成绩不好，这样的学生也很难被一些老师爱。这样的学生我遇到的可多了。年轻时的我往往有意无意地冷落这样的孩子，虽然表面上并没有做出什么明显歧视的举动，但心里其实是很不喜欢的。这种不喜欢会情不自禁地表现出来，比如早读课有学生迟到了，如果是成绩好的，我可能就轻描淡写地说几句："看，又迟到了不是，以后可要注意呀！"然后就让他进教室了。可如果是成绩不好的学生，我往往不会轻饶，会严厉批评："难怪成绩老上不去，在外面站一会儿！"

我想，像我这样的老师可能不止一个吧？没有哪一个老师不会说自己"爱学生"，但很多时候我们可能没有意识到，我们爱的其实是孩子的分数，因为这个分数，关系到自己的考核，而考核结果关系到自己的绩效和晋升，当然还关系着自己的面子。

如果仅仅是因为孩子成绩好才爱，那这根本就不是爱，而是功利。如果一定要说是爱，那也是教师对自己的爱。

我曾去一个小学作报告，校长告诉我，国内某著名企业家是从他们学校毕业的。我问："既然如此，怎不见你们宣传？"他说："因为这个企业家不承认他在我们学校就读过。"我很吃惊："为什么？"在我看来，这不是忘恩负义吗？校长说："因为他当年在这里读小学时，表现不好，成绩也不好，他感受到了老师的冷落和歧视，所以他拒绝承认自己曾是这个学校的学生。"我明白了，不好再说什么，但心里想，当初的校长和老师可能肠子都悔青了吧？早知这孩子20年后会赫赫有名，当初怎么不对他好一些呢？

但如果因为这孩子将来会成为"名人",老师才爱他,你爱的已经不是这个孩子本身,而爱的是他将来的社会地位。这还是纯净的教育之爱吗?

20多年前,我已经有了10多年的教育经历,有经验也有教训,但我对教育的认识已经比过去成熟,尤其是对教育之爱的理解更加深刻。所以,我主动接了一个后进生最多的班,和一群"熊孩子"打交道,可以说是投入了大量的情感和心血。20多年过去了,他们中有医生、教师、军官、足球教练、摇滚歌手……对我的感情特别深,经常回来看我,每年教师节都要请我吃饭。曾经有老师对我说:"当初你的爱得到了最丰厚的回报!"

但是,我当初没想过"回报",我也不知道他们将来会这么有出息,有的还很"有名"。我只是很单纯地觉得这样的孩子更应该得到尊重与爱。如果我是因为想到他们将来会很"显赫",能够给我"面子""回报",我才爱他们,那我这份爱显然就不是真爱,因为我爱的不是他们本人,而是爱他们将来的社会地位。

陶行知曾告诫教育者不要歧视表现不好、成绩糟糕的学生:"你的教鞭下有瓦特,你的冷眼里有牛顿,你的讥笑里有爱迪生。"这话当然非常正确,先生在这里强调的是不可忽视孩子所蕴含的无限潜力。但我们千万不能因此理解为,只有将来成为瓦特的孩子,才值得我们尊重与爱。

我想到苏霍姆林斯基在《给教师的100条建议》中的第一条建议是"请记住:没有也不可能有抽象的学生",其重点是"认识人、了解人"。教育家这样饱含感情地写道——

> 教育才能的基础在于深信有可能成功地教育每个儿童。我不相信有不可救药的儿童、少年和男女青年。要知道,我们面前的这个人才刚刚开始生活在世界上,我们可以做到使这个幼小的人身上所具有的美好的、善良的、人性的东西不受到压制、伤害和扼杀。因此,每一个决心献身于教育的人,应当容忍儿童的弱点。如果对这些弱点仔细地观察和思索,不仅用脑子,而且用心灵去认识它们,那就会发现这些弱点是无关重要的,不应

当对它们生气、愤怒和加以惩罚。不要理解成我在宣传全面的容忍、抽象的容忍；号召教师忍耐地"背着十字架"。这里说的完全是另外一回事，说的是母亲、父亲和教师这类长者要有一种英明的能力，能够理解和感觉到儿童产生过错的最细微的动机和原因。要理解和感觉到的正是这样一点，即这是儿童的过错，不要把儿童和自己混为一谈，不要对他提出那些对成人提的要求，但是自己也不要孩子气，不要降到孩子的水平，同时还要理解儿童行为的复杂性和儿童集体关系的复杂性。

苏霍姆林斯基说得多好！"应当容忍儿童的弱点。""能够理解和感觉到儿童产生过错的最细微的动机和原因。""即这是儿童的过错，不要把儿童和自己混为一谈，不要对他提出那些对成人提的要求……"这才是真正的教育，是真正地爱儿童。

当然，苏霍姆林斯基这段话很容易被一些教师误解，特别是他说"这些弱点是无关重要的，不应当对它们生气、愤怒和加以惩罚"。可能有人会表示不解："这岂不是宣扬'教育万能'吗？"

孤立地看这段话的确容易有这样的误读，但是我们要结合苏霍姆林斯基整个的教育思想来理解这段话。苏霍姆林斯基教育思想的核心是"人"。他多次说过："教育——这首先是人学！""每一个儿童都是一个完整的世界。"既然是"完整的世界"，自然包括孩子的弱点、缺点。对于这些弱点和缺点，教育者要予以充分的理解，在此基础上进行引导和教育。而且，这些弱点在儿童的全部精神世界中只是占一小部分，相比起儿童的善良、纯真、幻想、创造等品质，这占小部分的弱点当然就是"无关重要的"，没有必要对它们"生气、愤怒和加以惩罚"。但这并不意味着教育者对儿童的弱点和缺点视而不见。也是在这本《给教师的100条建议》中，苏霍姆林斯基写过一个叫"尤拉"的孩子，他在集体外出活动中不守纪律，苏霍姆林斯基和同学们便有意藏起来，不理尤拉，让他产生脱离集体的孤独感和恐慌感。这难道不是一种惩罚吗？

最近，在我的"镇西茶馆"中，就曾有朋友针对"爱的是孩子，而不是他的表现"这句话问我:"学生表现无论多么不好,你都不会生气吗?比如顶撞老师、跳墙出校夜不归宿、玩手机打游戏……"这显然就曲解了教育之爱。真正的爱,包括了对儿童的严格要求,甚至纪律约束。这难道不是常识吗?

  但无论如何,不能以儿童的这些缺点为理由而削弱我们对他们的爱。还是那句话——我们爱的是孩子这个人本身,而不是他的表现,也不是他的成绩,更不是他将来的地位。

2020 年 12 月 7 日上午

长沙至成都的航班上

人与人之间交往的最高境界是互相欣赏

欣赏别人，是一种境界，也是一种提升自己的最好方式。

当然，欣赏远方的人容易，欣赏和自己没有"利害冲突"的人不难，欣赏自己身边的人不容易。我们可以欣赏远方优秀的运动员，比如欣赏李娜，欣赏姚明，欣赏刘翔；我们也可以欣赏远方的同行，比如欣赏程红兵，欣赏魏书生，欣赏窦桂梅，欣赏朱永新，欣赏张文质；但我们能够欣赏自己办公室的某个同事吗？能够欣赏和自己一个年级的同学科教师吗？实话实说，不容易。

不容易不等于做不到。欣赏别人，能够不断完善自己、提升自己，"以人为镜，可以明得失"。通过别人的长处，看到自己的不足，这不就提升了自己吗？同时，你欣赏别人，被欣赏的人感到了自信，心中充满阳光，对你自然特别感激，你给对方带去真诚的鼓励，还搞好了人际关系，多好！

当然，这和我们的胸襟有关。如果斤斤计较于一些琐碎的得失，弄得和同事成了"不是你吃掉我，就是我吃掉你"的敌人，你快乐吗？如果你心中有阳光，看谁都是阳光灿烂的，看谁都很顺眼；反之，如果你心里一直有阴影，看谁都很阴暗，谁都看不惯。都是同事，工作中难免会有摩擦、争执甚至冲突，事情过去就过去了，积在心里干什么呢？

有人之所以心里老不平衡，老看不惯这个，看不惯那个，是因为心小了。俗话说："心眼小了，事就大了。心胸大了，事就小了。"你看学校一些老师，随时都是那么开心、那么大气、那么乐呵呵的，难道他们就没有遇到过不顺心的事吗？当然不是，而是他们心胸很豁达。你现在老纠结的一些事，老想着"要讨个公道"，再过10年、20年、50年，还算事吗？尘埃落定，什么都是浮云！

　　以欣赏的眼光看别人，就是要多看甚至放大别人的优点。一定不要老盯着别人的不足，完人是没有的。谁都有不足，甚至缺点，但这不妨碍我们向每一个人学习。多看看别人的优点，多想想自己的不足，你会感到周围的每一个人都比自己强，都值得自己学习。当你向别人学习的时候，别人也会把你当作学习的对象。

　　千万不要恨别人，这是自己折磨自己。一次和任小艾老师聊天时，她说了一句话我觉得很有道理："恨一个人，就是在自己心里钉一个钉子，是自己惩罚自己，自己折磨自己。"想想也是。如果你心中装着某一个"仇人"，这个"仇人"又是你的同事，不但你一想起他就郁闷甚至"气不打一处来"，而且还低头不见抬头见——天天如此，真是痛苦啊！

　　要珍惜缘分。想想，人生就这么几十年，茫茫人海中，能够相遇、相识、相伴于一所小小的学校，居然能够成为一个办公室的同事，纯属偶然，但恰恰因为偶然，才让人感到这么奇妙！现在大家相处的每一天、每一分钟都那么普通，但若干年后大家退休了，某一天在大街上或小巷里不期而遇，一定会非常惊喜，然后站在路边滔滔不绝，一定会说到今天的一切，该多么亲切！假如你现在对周围的人——哪怕只有一个人——充满仇恨，这为你以后的退休生活留下了不快的记忆，何苦啊！但如果你现在和每一个人都和谐相处，真诚相待，这给将来留下多少温馨的记忆啊！所以，我还是说，要互相欣赏，要学会宽容，要珍惜彼此的缘分。没理由不珍惜。

2015年8月20日

教师对待职业的五种态度

同样是教师，同样在一所学校，同样是待遇不高，同样是承受各种压力，同样是面临各种莫名其妙的形式主义干扰，同样是置身目前不理想的教育环境中……有的老师虽然也不是没有郁闷的时候，但总体上很幸福；有的老师虽然也不是没有高兴的时候，但总体上很痛苦。

这与教师本人对待职业的态度有关。

我想了想，对待教师职业，可能至少有这几种态度——

第一种，把教育当"差事"。

所谓"差事"，有两个特点：一是别人叫自己做的，而不是自己主动愿意做的；二是临时性的、一次性的，而不是固定的长久工作。因为这两个特点，如果把教育当差事，很容易有一种应付的态度。

本来就不喜欢教书，但是因为种种原因，不得不教书，觉得大材小用了，心情郁闷，于是只好应付了。何况本身也没想过要干一辈子，"差事"嘛！什么时候说走就走，那么认真干啥呢？于是，没有教书育人的热情，只有怀才不遇的叹息。这样搞教育，自己痛苦，孩子遇到这样的老师也痛苦。

当然，说到"应付"，还有一种情况可能是不可避免的，就是刚参加工作的青年人因为不熟悉业务，不适应新的生活，手忙脚乱，没有章法，不得不应付。这种应付是可以理解的，因为这是新教师走向熟练之前必然要经过的一道坎儿。但是，能够做好却有意应付，"当一天和尚撞一天钟"，则太不应该——既对不起自己，也对不起孩子。这样的老师如果实在无法改变心态，不如改变职业。

第二种，把教育当"饭碗"。

所谓"饭碗"，就是我们常说的"谋生的手段"。既然做了教师，就认认真真地上好每一堂课，因为这是自己安身立命的饭碗。我们经常听到这样的教诲："不要把教育当作饭碗，而应该……"其实，在我看来，把教育当饭碗无可厚非——作为教师不把教育当饭碗，吃什么？所以，通过本职工作谋取生活的物质基础，一点儿都不耻辱。

有人会说："当成饭碗可以理解，但不应该仅仅把教育当作饭碗。"我说，应该允许有老师"仅仅把教育当作饭碗"，因为绝大多数老师是普通人。而且，如果一个老师真正把教育当饭碗，因而珍视这个饭碗，怀着敬畏之心（怕失去饭碗）对待自己的职业——认真备课，认真上课，认真批改作业，认真辅导学生……

你看街边修鞋的师傅，对每一双鞋都特别认真，精心修补。他不一定很热爱修鞋这件事，但因为是饭碗，不得有半点儿马虎。如果老师们真的把教育当饭碗，就会格外认真地教书。怕就怕连饭碗都对不起！

比起教育家们的追求，把教育当饭碗也许谈不上有多么高尚，但绝对不低下。现在教师队伍中依然有少数教师敷衍塞责，误人子弟，相比之下，忠于自己饭碗的老师同样令人尊敬。

第三种，把教育当"事业"。

应该看到，确实有不少教育者不满足于仅仅把教育当饭碗，而是把教育当作自己的事业。所谓"把教育当事业"，我理解的至少有两个含义：其一，研究；其二，创新。有事业心的老师，面对教育的所有现象，都能够以一种研究的眼光去打量与审视，并自觉地（而非外在强迫）进行研究。这种研究不是抽象的理论推导，而是结合自己每一天的每一个教育行为（课堂教学、班级管理等）进行分析、比较、质疑、琢磨、提炼等。

有事业心的老师总是具有一种超越自己的欲望，不愿意简单重复自己，哪怕是同一篇"教熟了"的课文，针对不同的学生，或者在不同的时期，也希望能够上出新意；哪怕是富有经验的班主任，面对新的班集体，也努力追求带出新的个性与特色。如果说把教育当饭碗能够满足教师物质生活的需要，那么，把教育当事业，还能给我们带来自我价值实现的精神收获。

我们不能苛求每一个教育者都把教育当事业，但是毫无疑问，一个把教育当事业的老师能够获得更多的幸福感。

第四种，把教育当"宗教"。

这里的"宗教"当然只是一种比喻，并不是真的说"教育是宗教"。

所谓"把教育当'宗教'"，就是为教育的一切付出，不是来自上级的要求，也不是迫于生活的压力（当然，最基本的生活条件已经具备），而是源于自己内心的召唤。该做什么，不该做什么，不是看领导的指示或者"舆论导向"，而是基于自己的良知和对教育的信仰——在这里，"信仰"二字依然是比喻。

上了一堂精彩的课，不会因为领导没有看到便感到"白上了"，而会有一种发自内心的成功感；出现了一次教育失误，首先不是想到别人会怎样看，而是内心的不安和自我谴责，因为一切都是自己的精神需求。把教育当"宗教"，必然视学生为"唯一"。注意，这里所说的"视学生为'唯一'"，不是迁就学生，而是从教育服务的终极目标来说的：教育的最终目的，是为学生的一生负责，因此教育的一切行为都必须服从于这一点。把教育当"宗教"，意味着教师不会让教育带上庸俗的功利色彩，更不会把学生当作谋利的工具。

并不是每一个教育者都会把教育当"宗教"，但要看到，陶行知、苏霍姆林斯基、魏书生、崔其升，还有张桂梅等人，的确是把教育当"宗教"，视学生为"唯一"，他们不但为社会进步作出了贡献，也因此而获得了内心的自由与宁静。我们也不可能要求每一个教师都把教育当"宗教"，但如果教育者具备一些教育情怀，会享受到更多的教育幸福。

对于把教育当"宗教"的人，你可以不学习甚至不赞同他们的具体做法，你也有权不选择他们的职业态度和生活方式，但请保持对他们的一份敬意，这也是对教育的敬意。

那我是属于哪一种呢？可能有朋友会说："您是把教育当'宗教'啊！至少也是当成事业吧？"的确，曾经有不少同行这样对我说。

但是很遗憾，我既没有把教育当"事业"——虽然我也喜欢研究教育；更没有把教育当"宗教"——虽然我也执着教育；我是把教育当"爱好"——这算是第五种态度吧！

所谓"爱好"，就是无论苦和累，一切都是自己的选择，因为能够从中获得极大的快乐，这快乐恰恰就蕴于表面的苦和累之中。

不过，当初填报师范专业时，我倒不一定是出自强烈的职业选择，因为我并不认为我天生就是当老师的料。其实，我小时候的职业理想是当书店营业员或电影放映员，稍微长大一些，我的职业理想是当记者或作家。但当了老师后，我就发现我还是有当老师的天赋的，比如喜欢小孩，有亲和力，容易被感动，富有比较敏锐的洞察力，等等。从教之初，至少不反感教育。教师当着当着，便喜欢教育了。当然有失败，有挫折，有郁闷，甚至有时仿佛深陷绝境，但我总是想，这一切都是职业本身的内容，既然选择了还得去面对。纵观几十年，我从教育中收获的幸福远比有过的郁闷、悲伤（也有过的）要多得多！所以，我不止一次庆幸地想，幸好我没当书店营业员、电影放映员，或记者、作家！

搞教育多好玩儿啊，真的好玩呢！

我现在已经退休两年了，可依然为教育忙个不停：带着一群年轻人围绕教育而阅读、思考、研讨、写作，偶尔也给他们上上课；奔走于全国各个新教育实验区，和老师们一起探索中国教育改革的路径；平时在家，每天都要阅读（重读）教育经典，在公众号"镇西茶馆"发布教育文章……

有人说："为教育累了一辈子，退休后该歇歇了。"我说："教育早已是我的爱好，而爱好是终生的，不存在'退休'一说。你见过爱好钓鱼的男士过了60岁就不钓了吗？你见过爱好逛商场的女士过了55岁就不逛商场了吗？"既然是爱好，哪有"退休"的？

当然，在一个民主的多元社会，应该允许每一个人都有选择自己职业态度和生活道路的权利，只要不妨碍他人。所以，除了把教育当"差事"不值得提倡外——因为那样会影响职业行为而最终妨碍孩子的成长，其他几种都无可厚非。

只是每一个教育从业者得想明白——"我"是哪一种？

2021年9月19日

对孩子说的每一句话，
一定要慎之又慎啊

几天前，我应邀为简阳几百名校长和骨干教师讲课——"实验和人的幸福"。

课间休息时，一位年轻的女教师走上来，说："李老师，我是您的学生啊！"

我仔细看了看她，没印象，自然叫不出她的名字，便礼貌地笑了笑。

她说："我叫曾丽娜，是成都武侯实验中学2010年毕业的，您是我们校长啊！"

哦，原来是这样。全校3000多名学生，我的确难以一一记住。

她接着说："您给我们上过课的。"

是的，我当校长的九年间，每一个班我都去上过课，也就是说那九年在武侯实验中学就读的每一个孩子都听过我的课。有一段时间，我还担任了一个班的班主任呢！

曾丽娜说到一个细节："您给我们上课时，问我们知不知道托尔斯泰是哪个国家的，我当时答对了，您就表扬我，我很激动，后来我就特地去找托尔斯泰的书来读。"

这个我一点印象都没有了。

我问她:"您现在也当老师吗?"

她点头:"嗯,就在简阳教书。"

我说:"太巧了,你毕业十年了,今天我俩在这里碰见了。"

她拿出笔记本给我看:"这是我记录的您刚才讲课时说的一句话,让我眼泪都下来了,您说,有教育情怀的人总会走到一起的!"

说着,她又开始擦拭眼泪。

那一刻,我非常感动。

正在我和曾丽娜聊的时候,一位戴眼镜的年轻人一直站在我左边,似乎想和我说什么,但因为我一直专注地在和我右边的曾丽娜说话,她又不好打断我们。当我转过来看着她的时候,她说:"李老师,您没认出我吗?"

我定睛打量她,然后忍不住惊叫道:"你是冯栗栗嘛!"

冯栗栗是我20多年前的学生,这里遇见她,太让我惊喜了。

她现在也在做教育,不过不是在学校上课,她创办了一家对外教育机构,主要是从事国际教育交流方面的工作。因为和简阳市有合作项目,所以她听说有我的报告,便来听了。

更巧的是,我背后的PPT上正打出一张学生合影的大幅照片,上面正有当年稚嫩的冯栗栗。

我给她说:"你看,你就在上面!一会儿我正要讲你们这个班的故事呢!太巧了!"

但下半场讲课时,冯栗栗因为有急事赶回成都了,但我依然讲了23年前,我带着学生在成都市区的锦江边种下了一片银杏林的故事。在我当年拍的现场照片中,正好有冯栗栗种树的身影。

如今,那些银杏树已经长大、长高。每年11月下旬,那片金灿灿的银杏林成为成都最美的景观之一。

我对老师们说:"当年我带着学生种下银杏树,和教学无关,和应试无关,和中考无关——人家不会因为我们种了银杏树就给我们的学生中考成绩平均加五分、十分，但这和我与学生浪漫的青春有关，和我们温馨的记忆有关，和教育的人性有关……这就是我和学生一起创作的教育诗篇！"

这次和两位学生的意外相逢真的让我太开心了！还有比这更美好的邂逅吗？

不过，回成都的路上，我一直在想曾丽娜说的我对她的那一句表扬，我实在是忘得干干净净了，但她记住了，而且成了她喜欢阅读托尔斯泰的理由和动力。

我再次感慨，对学生来说，哪怕是教师不经意的一句话，分量都是很重很重的，会产生很大的影响。这种影响可能是积极的，也可能是消极的，甚至是严重的打击，继而产生一生的阴影。这方面，我同样有着太多的教训。

所以，作为教育者——无论是教师，还是家长，对待自己向孩子说出的每一句话，一定要慎之又慎啊！

2020 年 1 月 18 日

只追求"操作性"可能会害了你

"李老师,您好,我是一个乡村中学的班主任,我看了您很多管理班级的方法,也把您的方法用在我们班的孩子身上,可是总有两个孩子和我对着干。我真不知道怎么办?"这是一位老师在网上给我的留言。每天这样的留言有很多,每条留言都是一份厚重的信任。但每当看到这样的留言,我也是"真不知道怎么办"。

在外面给老师们作报告,结束后一些老师往往对我说:"您讲得很实在,特别有可操作性,拿来就可以用。"我当然感谢老师们对我的认可,但其实我心里明白,我讲的并不一定有"可操作性",只是我讲了许多案例和故事,比较具体而已。我作报告时常有这样的感觉,当我在讲案例时,老师们的神情特别专注,眼睛都在放光;而我稍微讲一些原则或观点——远远还谈不上是多么深刻的"思想",老师们的表情便明显倦怠,目光也一下子暗淡了下来。

为什么有些老师那么喜欢"可操作性"?表面上看,是因为老师们很注重实践,注重方法,注重技巧,但实际上是对理论的忽略和轻视。他们不喜欢听理论,不喜欢听学院派专家的报告,认为"空对空",认为"从理论到理论"。固然,脱离实际的理论谁都不喜欢,但科学的理论对实践的作用是不言而喻的。比如,教育的方向与目标,教育的价值与理念,教育的特点与原则……这些都体现在我们的每一个教育行为中,没有了这些,教育行为便失去了意义。"教育是人的灵魂的教育,而非理性知识和认识的堆积。……谁要是把自己单纯地局限于学习和认识之上,即便他的学习能力非常强,那他的灵魂也是匮乏和不健全的。"雅斯贝尔斯这段关于教育的话很抽象,但它让我们明确了我们的教育究竟要把孩子引向何方。这些"形而上"的教育论述,毫无"可操作性"可言,但它们是教育的灵魂。

何况,即使从"可操作性"的角度看,我以及任何一位老师的做法和经验,都不可能"放之四海而皆准"。近年来,我们谈"教育的个性"谈得够多的了,可是一到具体的做法,我们却忘记了"教育的个性",而企图将别人的做法"拿来就用"。想想,每个地区的文化环境不一样,每个学校的校情不一样,每个班的特点不一样,每个孩子的个性不一样,每个老师的性格特征、知识结构、兴趣爱好、行为习惯等都不一样,怎么可能在具体的教育行为和教学方式的"操作"上都一样呢?从 20 世纪 80 年代起,全国教师都在学魏书生,可到现在为止,中国并未因此而出现千千万万个魏书生,而依然也只有一个魏书生。记得多年前,魏书生老师在北师大作报告时,谈到任何一件事都有一百种做法,例举他刚刚上的语文课:"同样一堂课,我有我的上法,李镇西有李镇西的上法,上出个性来就是最好的课。"

我 30 多年的教育经历告诉我,真正有效的教育具有不可复制性,不但不可复制别人,也不可复制自己。无论我转化过多么顽劣的学生,其经验完全不可能百分之百地重复在我以后遇到的新的"后进生"身上。每一个顽童都是唯一的,教育理念可以相通,但具体的技巧方法永远是一次性的。同样,无论我带过多么成功的班级,面对又一届新生,我不可能把上届的做法原封不动套用过来,因为一切都和昨天不一样——不光是学生变了,我的人生阅历也更加丰富了,我对教育的理解也更加深刻了,我和学生所面临的时代也不同了。因此,一切都应该是新的,我的教育方法也只能因"人"而异,与"时"俱进。

在《和青年校长的谈话》中,苏霍姆林斯基有几句话说得非常精辟:"某一教育真理，用在这种情况下是正确的，而用在另一种情况下就可能不起作用，用在第三种情况下甚至会是荒谬的。"可是，这样的"荒谬"至今还在不少老师那里连绵不绝地重复着，这不能不说是我们教育深深的遗憾。

2020 年 5 月 2 日

民主仅仅意味着"少数服从多数"的投票吗?

我曾写了一篇文章,谈尊重学生自习的权利。我估计会引起争议,但争议无非是可能有老师会说"自习并不意味着老师不能辅导""不能把老师的指导排除在自习课之外"等,可万万没有想到有一种争议竟然来自对"民主"的理解。

有一位老师留言说,如果以"少数服从多数"的原则投票,好多学生不愿意学习,因此对学生不能讲民主(因为这位朋友后来把留言删除了,我无法引用他的原话,但大意如此)。还有一位网友居然直接干脆地说:"补课不是民主的问题,而是涉及学生的权益问题。"呵呵,他恰恰忘记了(或不懂)维护自身权益(含权利)本身就是民主制度的体现。

对民主如此狭隘的理解,让我不得不在此普及一下民主的常识——的确是常识,而非我的原创观点。虽然"民主"二字作为社会主义核心价值观之一被广泛宣扬,可作为担负民主教育的老师,有些人对民主并没有完整的了解与理解。

民主,首先是一种政治制度,通俗地说,是一种管理国家的方式。

但即使从政治制度的层面讲"民主",不同时代、不同国家的"民主",

其含义同样是有区别的。从历史的角度看，罗伯特·达尔（Robert Dahl）说："认为民主是过去一次性发明出来的东西，就如蒸汽机的发明一样，这种想法可能是个错误。"作为一种政体，古希腊的雅典民主制和今天西方的资产阶级民主制，就大相径庭。从现实的角度讲，同样号称"民主"的国家，其"民主"也各不相同。丛日云转引西方某学者的观点，指出经过第三次民主化浪潮，当代世界已经有 120 个国家进入"民主国家"的行列。但在这个名单中，从英国、美国、俄罗斯到芬兰、荷兰、比利时，或者从加纳、贝宁、毛里求斯到日本、韩国、菲律宾……虽然都号称"民主国家"，而且同在 21 世纪，可由于民族文化、历史传统、宗教信仰以及经济发展水平的不同，他们的"民主"也绝不是完全一样的。

不过，既然都是"民主政体"，那么这些国家至少在名义还是有"民主"的共同特征的，或者说，这些国家的政体至少与"民主"一词的原始意义多少是有些联系的。

从字源上说，"民主"概念首先是指一种政治制度，它的基本含义就是"人民进行统治"或者说"人民当家作主"。所以，"民主"是指"由人民直接地或通过分区选出的代表来治理、统治"。也就是说，作为一种政治制度（或者说政府形式），民主的核心程序是通过人民的选举（直接选举或间接选举）产生领导人；同时，人民能够通过一定的法律程序参与国家的决策。这正是民主制度与专制制度的根本对立之处。

需要特别指出的是，作为政治制度的民主，其蕴含的最根本的精神实质是对人的尊重——对人的权利（各方面参与的社会权利）和精神世界（思想、感情、个性等）的尊重。

然而，民主不仅仅是一种政治制度，也是一种生活方式。当然，后者是前者意义上的扩展与引申。

这个观点最早是由杜威提出的。在杜威那里，"民主"的含义是很宽泛的。他认为民主不仅仅是一种政治制度，而且还是一种生活方式，并渗透于人们生活的方方面面。他指出，民主主义"还有一种更为深刻的解释：民主主义不仅是一种政府的形式；它首先是一种联合生活的方式，是一种共同交流经验的方式"。杜威还认为，这种社会的生活方式是一种追求共同利益的联合生活的方式，是一种自由无碍的共同交流经验的方式，社会的"全体成员都能以同等条件，共同享受社会的利益"，"就等于打破阶级、种族和国家之间的屏障"。

也许是受他的老师的影响，胡适也曾指出，民主不是别的，只不过是一种生活方式："千言万语，归根只有一句话，就是承认人人各有其价值，人人都应该可以自由发展。"陶行知也曾指出："民主的时代已经来到。民主是一种新的生活方式，我们对于民主的生活还不习惯。但春天已来，我们必须脱去棉衣，穿上春装。我们必须在民主的新生活中学习民主。"

这是对民主更为深刻的理解。将民主看作一种个人的生活方式，即认为民主不只是一种形式或者说外在的东西，而是一种内在的修养。这种内在的修养体现于日常生活和与人交往的过程中：相信人性的潜能；相信每个人不分种族、肤色、性别、家庭背景、经济水平，其天性中都蕴含着发展的无限可能性；相信日常生活与工作中，人与人之间是能够和睦相处、真诚合作的。民主的生活方式，意味着自由、平等、尊重、多元、宽容、妥协、协商和平等观念浸透于社会的每一个角落，体现于生活的每一个细节。

要指出的是，作为一种生活方式的民主和作为政治制度的民主不是割裂的，更不是对立的，而是互为因果、相辅相成的。民主的政治制度需要社会土壤，这"土壤"便是民主的生活方式；同样，民主的生活方式需要制度保障，这个保障制度便是民主的政治制度。

但在今天，我们尤其应该强调民主的生活方式之于民主制度的重要性，因为民主的政治制度与民主的生活方式之间的关系，实质上是政治体制与国民素质的关系，所谓"有几流的人民就有几流的政府"。学者刘军宁指出："民主的道德基础是，人应该自由、平等、有尊严且自律，因而所有的成年公民都有参与政治生活的同等权利。"没有民主的道德基础，所谓民主制度不过是空中楼阁而已。

除了政治制度和生活方式，民主还是一种决策机制和工作态度，比如广开门路，比如"聆听群众呼声"等。在中国，民主还是一种沟通方式，比如"协商民主"。

我想强调的是，无论民主有多少种呈现方式——政治制度、生活方式、决策机制、工作态度、沟通方式等，其核心就两个字："尊重"。政治制度是对公民政治权利的尊重，生活方式是对他人生活态度的尊重，决策机制是对人民智慧的尊重，工作态度是对人民授权的尊重，沟通方式是对多元意见的尊重……

作为一种理念，民主包含的内容很广，但最根本的精神实质是对人的尊重——对人的权利（各方面参与的社会权利）和精神世界（思想、感情、个性等）的尊重。

爱因斯坦说："我的政治理想是民主。让每一个人都作为个人而受到尊敬。"

阿克顿（Acton）说，民主的实质，就是"像尊重自己的权利一样尊重他人的权利"。

因此，民主教育的核心也是"尊重"——尊重学生的人格、尊重学生的情感、尊重学生的思想、尊重学生的个性、尊重学生的差异、尊重学生的人权、尊重学生的创造力……当然，与此同时，教会学生尊重他人。

回到"教师为什么不能强占学生的自习课"这个问题上，我们就可以明白，这涉及对学生的尊重。当然，和民主有关。

2021 年 2 月 28 日

教师需要"手握戒尺"吗?

大概是从 2018 年开始,有一句特别有感染力的话在教育界流行,不断被人引用——"教师要手握戒尺,心中有爱,眼中有光",或者是"做一个手握戒尺,心中有爱,眼中有光的教师"。

当然,这三个短语在流行中也有细微的表述差异:"手握戒尺,灵魂有爱,眼中有光",或简略为"手握戒尺,眼中有光",等等。

这几个短语无论怎么组合、调整、简化,"手握戒尺"是不会变的,也就是说,"戒尺"是牢牢地"握"在"手中"的。

我当然知道这样的句式所要表达的意思,就是做一个既爱孩子,又严格要求孩子的老师。

这句话的现实针对性显而易见,即有部分老师片面理解和强调"爱",却忽略甚至放弃了对学生的严格要求甚至必要的惩戒;还有不少老师因为有些家长溺爱孩子而动辄"举报"老师惩戒学生,于是不敢管学生,只能"顺着来"。

因此,强调严格要求学生,强调必要的教育惩戒,而且使之制度化——教育部的《中小学教育惩戒规则(试行)》应运而生。这十分必要,完全正确。

正是在这样的背景下,"手握戒尺,心中有爱,眼中有光"便显出了一种教师的拳拳爱心与凛然正气,也显出了教育应有的尊严。

但仔细推敲,什么叫"戒尺"?

查目前中国权威的《现代汉语词典》:"戒尺,旧时教师对学生施行体罚时所用的木板。"在网上搜索相关词条,答案相同。不用多"考证",戒尺,明白无误就是指对学生进行体罚的工具,即使现在不用戒尺了,但这个词所代表的意义,就是"体罚"。

事实上,有一些(注意,是"一些",而非大多数,更不是全部)教师,是渴望被赋予体罚(不仅仅是"惩戒")权的。几年前"镇西茶馆"推出我反对体罚的文章后面,这样的留言绝非少数:"为什么不能体罚?""现在不让老师打,长大后会有社会打!""今天不让老师'打'孩子,明天整个民族就会被动挨打!"……还有为数不少的老师,不好意思公开主张体罚,便借"惩戒"来表达自己渴望"放开手管理学生"的愿望。可以不夸张地说,在一些老师的语境里,"惩戒"就是"体罚"。这就是几年前,只要我推出反对体罚的文章,总是会遭到几乎是"一边倒"的反驳,还有受个别人辱骂的原因。

是的,我一直旗帜鲜明地反对体罚,因为我自己有过打学生后反思的经历。对此,我不打算多说,我知道无论我多么引经据典、旁征博引,都永远无法说服"教育体罚爱好者"的。

但是,对于教育惩罚,我同样旗帜鲜明地赞成并呼吁。我曾说过,何必羞羞答答地说"教育惩戒"呢,直接说"教育惩罚"就可以了。为此,在2002年,我写过《教育不能没有惩罚,但惩罚不是体罚》这样的文章。道理很简单,教育有两个功能,一是人格引领,二是行为养成。前者需要感染,后者需要训练,而训练就带有强制的意思。所谓"强制"就是必须做到,做不到就得付出代价,这个代价就是惩罚。另外,当学生妨碍他人学习生活和其他权利时,教育者更有权及时强行终止他的行为,并施以合理的惩罚。这是理所当然的。

然而,惩罚也好,惩戒也罢,都不是体罚。19年前,我那篇《教育不能没有惩罚，但惩罚不是体罚》一文发表后，许多老师追问："什么叫'不是体罚的惩罚'？如何区分？"这首先不是一个理论问题，而是一个实践问题。从操作层面来说，30多年来，我在班级管理方面是不存在这个问题的。对此，我有太多文章和著作有专门的论述，包括操作。感兴趣的朋友可以去查阅。

我还要特别强调的是，今天使用"手握戒尺，心中有爱，眼中有光"这个表述的老师，绝大多数人并没有想要体罚学生的意思，他们想表达的无非就是宽严相济，既不纵容学生，又不体罚学生，有爱有严，该爱的时候春风化雨，该严的时候绝不迁就……

问题是，"戒尺"的含义本身就是"体罚"，至少在语言表达上，这样说就不妥当。

当"手握戒尺"时，老师的眼中会是什么"光"呢？

有老师可能说："李老师太钻牛角尖了，这是借代嘛！用戒尺借代严格要求嘛！"

好，说到"借代"，就得弄清"借代"这种修辞方法的特点，我也借此机会普及一下教了几十年的语文知识。借代，指的是不直说某人或某事物的名称，而是借和它密切相关的名称去代替，这种辞格也叫作"换名"。其中，用来代替的事物叫作借体，被代替的事物叫作本体。这种修辞手法在运用中有四种情况。

第一，特征代本体，指的是用借体的特征、标志去代替本体事物的名称。比如，"一群红领巾在大街上走过"，用"红领巾"借代中国少年先锋队队员。第二，专名代本体，是指用具有典型性的人或事物的专用名称作借体代替本体事物的名称。比如，我前几天写的文章中有一句话："天下有几个彭德怀？"这里，用"彭德怀"借代说真话的人，因为彭德怀是说真话的典型。第三，具体代抽象，指的是用具体事物代替相关的抽象事物。比如，"不在刺刀下苟活"，用"刺刀"借代专制暴政。第四，局部代整体，就是用事物具有代表性的一部分代替整体，比如"不拿群众一针一线"，用群众财物中的局部"一针一线"指代群众的全部财物。

我这么一说，可能把有些朋友说晕了。好，我简单地说，不管借代有多少种情况，都不能背离所代事物的原始本义。戒尺的本义就是"体罚"，要借代它也只能借代"体罚"，而"体罚"和"惩戒"虽然都是严格要求的手段，但性质完全不同。那么，代表"体罚"的"戒尺"怎么就借代了"惩戒教育"呢？就算词语的演变有"引申义"，也不可能这样"引申"——由体罚"引申"到惩戒，这是什么逻辑？

读到这里，朋友们可能终于明白了，我批评"手握戒尺"这个说法，不是批评严格要求学生，而是主张更完美地表达正确的理念。

我完全明白，深情写下"手握戒尺，心中有爱，眼中有光"的老师，不可能真的手中握着戒尺上课，相反，他们往往都是深受孩子爱戴的老师呢！但从语言文字运用的角度看，说话严谨一些，用语准确一些，这也体现了我们对祖国语言的热爱甚至敬畏，不是吗？

2021 年 3 月 5 日

有一种不讲道理叫"你来带个班试试"

网上展开学术争论是很正常的,没有不同意见倒是反常。但无论怎么争论,双方都应该讲道理。尽管不一定能够完全说服对方,但彼此至少可以从对方讲的道理中获得哪怕一点点收益。所谓"和而不同",所谓"求同存异"。

前提是双方都讲道理。

有没有不讲道理的人呢?好像很少。但貌似讲道理,实则不讲理的人却很常见。比如,面对专家学者的建议时,有老师最常见的反驳是:"站着说话不腰疼!你来带个班试试!"

这个逻辑看上去很雄辩。是呀,无论是"纸上谈兵"的成语,还是"是骡子是马拉出来遛遛"的俗话,都说明了真本事的重要性。

我承认,的确有一些"专家""学者"爱摆弄一些玄而又玄的理论,什么这个"原则"那个"效应"的,还有一大堆晦涩的概念,而给一线老师的建议,完全不切实际。对这样的"专家",我也是很反感的。

作为虽然现在被有的人称为"专家",但其实长期都在一线而且当校长期间都兼任实打实的班主任的我,对这种装模作样的专家也很反感。

说一个真实的事。曾经有一个同事,我和他同在一个年级带班,他当班主任可以用"一塌糊涂"来形容。后来他考研离开了中学,继而读博,后来在某教科院搞研究,最后成了德育研究机构的专家。有一次我去参加某省班主任培训,结果是他给我们作报告,主持人的介绍是:"今天我们有幸请来了我国著名的班主任理论的专家×××",搞笑的是,主持人还多说了几句:"某某教授曾经在一线担任班主任,有丰富的实践经验。"我坐在下面想笑,但不便笑。

但我们不能因此而否定所有专家,这更不能成为我们拒绝学习理论的理由。

你不同意专家的某一个观点,可以有针对性地直接反驳。尽管也许在理论素养方面,我们和专家不一定对等,可我们有着丰富的一线实践经验和感悟,完全可以和专家平等地争鸣。

但你不能用一句"你来带个班试试"一怼了之。这不是讲道理,而是发泄情绪。

如此怼人,"百战百胜"——

你给他说转化后进生要有爱和智慧,他说:"你来带个班试试!"你如果说:"我本身就是班主任呀!"他会说:"你来带个差班试试!"你如果说:"我长期带差班。"他会说:"你到农村来带带差班试试!"你如果说:"我的学校就是农村学校!"他会说:"那你到我这里的农村来带个差班试试!"如果你和他是一个学校,他可能会说:"你来带带我这个班试试!"……

总之,他永远有理,永远立于道德高地,或者说,在他看来,"一线教师"本身就意味着一种"道德优越感"和"底气"。

而且,这句话可以将古今中外所有教育家"一网打尽"甚至"置于死地":夸美纽斯、赫尔巴特、斯宾塞、卢梭、裴斯泰洛齐、福禄贝尔、第斯多惠、蒙台梭利、杜威、皮亚杰……面对他们的皇皇理论,我们都可以用一句"你来带个班试试"让他们立马哑口无言。

就算是一生没有脱离教学和学生的苏霍姆林斯基,我们照样可以怼他:"你到中国来带个班试试!"

哪怕是曾经带过三千弟子的孔子,我们还是可以怼他:"你今天来带个班试试！"

不得不普及一下常识——

理论和实践是密不可分的。实践产生理论，理论指导实践，二者都十分重要。我们希望所有理论的提出者都有亲自实践的经验，否则就怀疑对方的理论站不住脚。但我们忘记了，理论也可以来自对别人实践的总结提炼，还可以来自众所周知的常识。比如，常见的"因材施教"四个字，这既是古人的经验，也是公认的常识。说这话的专家就算没教过一天中小学，也不影响这句话的真理性。

我们提拔干部，一般都要求有一线实践的经历，这是有道理的。但这是从管理学的角度对行政干部的要求。而对宏观理论的决策者来说，他们则不一定非要有具体的操作经验不可，只要尊重实际情况，注重调查研究，那么他们的理论照样可以指导我们的实践。

雅斯贝尔斯连教育家都不是，更别说在中小学上过课了，可这不妨碍我们一线老师一遍遍引用他的名言："教育是关于灵魂的教育，而非理性知识和认识的堆积。"甚至连并非他说的"教育是一棵树摇动另一棵树……"也强加在他头上，怎么没有人说"你来带个班试试"？

"你来带个班试试"，看似是很有力的反驳，但这实际上反映了一些老师思维的懒惰，因为他们不愿意去仔细分析研究，不愿意认真地跟对方讨论，一句"你来带个班试试"就关闭了思考的大脑。这句话还反映了不少老师对理论的轻视，盲目迷信自己所谓的"经验"而裹足不前。

无论多么科学的教育理念，也无论多么先进的信息技术，最终都得靠站在课堂上的一个又一个教师变成具体的行动。因此，没有高素质的教师，就没有高品质的教育。而所谓"高素质的教师"，理论修养是标配。

很多年前，有人提出教育要追求"有技术的思想"和"有思想的技术"，真是精辟。我们反对只会"纸上谈兵"的专家，也同样反对动辄"你来带个班试试"的教师。

重视带班是对的，但因此而鄙薄理论就错了，这会妨碍自己的职业成长。

有的老师连带了几届毕业班，就觉得自己把教育玩儿得玲珑剔透了，以为自己可以蔑视一切没带过毕业班的专家——面对专家，他可以自豪地拍着腰杆说："我带过高三，还要你教？"

如此教师的可笑在于，他们一点都不觉得自己可笑。

2021 年 3 月 23 日

如果老师被学生骂了或骂了学生，该怎么办？

一

我当校长时，曾读到我校杨艳老师的一篇随笔。在这篇文章中，杨老师记叙了被学生骂了之后她的处理经过——

课堂上，杨老师布置学生做练习，但女生小赵和她的同桌正和前面的一个男生聊天，桌上的卷子一题未做，而此时已经上课10分钟了。该男生是本班的一个"困难户"，平时的表现就不太好，另外两位女生应该还不错，怎么也讲起了话？

杨老师这样想着，便决定先批评两位女生："刚开始上课的时候，我就讲了，希望大家在今天这节课上要提高效率，你们看已经10分钟了，才写了几个字？"

听到杨老师的口气很严厉，其中一个女生马上开始写了起来，而另外一个女生小赵却说："又不是我一个人在讲，为什么不批评他们？"

杨老师一听，更生气了："其他同学我会批评的，只要你在讲话，我就有权利批评你。请你马上开始做练习。"

杨老师的话音刚落，小赵却突然从嘴里冒出了三个字："神经病！"

杨老师不禁火冒三丈，忍不住想继续批评，但想到这是课堂上，如果继续批评学生，不但会加重学生的对立情绪，激化矛盾，而且还会影响全班学生的上课。于是，杨老师冷静地说："请你下课后到办公室来。"

在接下来的时间里，杨老师看到小赵一直没有讲话，也在做练习，但从脸上表情看，心里还是有疙瘩。

下课后，杨老师在办公室等小赵，可是直到上第二节课时她都还没有来，杨老师的火气又上来了。

再次下课后，当杨老师回到办公室时，看到小赵已站在了办公桌前，态度还比较好，于是杨老师也就放缓了语气："为什么上节课下课后没来？"

小赵解释说："上节课数学老师找我，我到她那里去了。"

原来如此，看来并不是有意违抗。杨老师的火气消了一点，但还是严肃地问小赵："为什么上课不听从老师的安排？在老师干涉的时候还辱骂老师？"

"我不是有意的，当时没有经过思考就脱口而出了，我平时这样讲习惯了。"小赵说。

"但你知不知道当时在上课，知不知道你是在对老师讲话？我们常讲要三思而后行，同样的话在不同的时间、不同的场所、不同的对象会产生不同的效果……"杨老师说着说着，声调不觉就提高了。

"对不起，老师，我错了，我当时真的不是故意的，我向您道歉。"小赵诚心地说。

看到她认错的态度，杨老师的心彻底地软了下来，本来想好好地批评她，但现在想，既然小赵能认识到错误，也就没有必要多批评了，于是她便对小赵说："今天这件事我就接受你的道歉，希望你以后不要犯相同的错误。"

二

应该说，杨老师所经历的是一件非常普通的事——普通得没有读者期待的

"大起大落"或"反转"的情节，但因为普通所以典型。被学生不礼貌地对待甚至辱骂，并不鲜见。

面对和杨老师相同或相似的情况，有的老师的选择可能就是"决不退让""我就不信收拾不了你""一定要把你的嚣张气焰打下去"，等等。而杨老师却不是这样。总的来说，杨老师对这件事处理得比较好，避免了与学生正面的激烈冲突。

有时候教师的"忍让"并不丢面子，这样做的目的是缓冲，是更冷静地寻找对策。有时候以柔克刚、以退为进恰恰是智慧的选择。教师宽容学生、谅解学生，这首先不是一种技巧，甚至也不是一种智慧，而是一种胸襟、一种气度、一种境界。

我把杨老师这个案例在我校大会上进行分析。会后有老师对我说，杨老师富于教育机智，因为眼看就要爆发的师生冲突，杨老师却以柔克刚。我说，杨老师当然富于教育机智，但具体到这件事，恐怕不是个"教育机智"的问题，而是杨老师对学生的理解和尊重。

学生小赵骂杨老师"神经病"，杨老师首先是克制自己没有在课堂上大发雷霆，避免事件扩大；然后在课后能及时地与之沟通，了解原因，进行教育。杨老师认为，有时候，在不懂事的学生看来一句简单的话，对老师来说却是一句侮辱的话，这是学生没有意识到的。教育者没有必要因此而上纲上线，站在道德高地对学生大加讨伐。没有对学生的理解与尊重，是做不到这一点的。所以我说，比机智更重要的，是对学生的理解和尊重，这是教育机智的前提。

人们常常爱谈论"教育机智"。的确，对班主任来说，教育机智无疑是非常重要的。人们常常引述陶行知那个"四颗糖"的著名故事，说明陶行知的教育机智——

一次，陶行知看到学生王友用泥块砸同学，当即制止，让他放学后到校长室。陶行知来到校长室，王友已等在门口准备挨训了。没想到陶行知却给了他一颗糖，并说："这是奖给你的，因为你很准时，我却迟到了。"王友惊疑地瞪大了眼睛。陶行知又掏出第二颗糖对王友说："这第二颗糖也是奖给你的，因为我不让你再打人时，你立即就停止了。"接着，陶行知又掏出了第三颗糖说："我调查过了，你砸那些男生，是因为他们不遵守游戏规则，欺负女生；你砸他们，说明你很正直善良，且有跟坏人作斗争的勇气，应该奖励你啊！"王友再也控制不住自己的情绪，泪水夺眶而出，内心的愧疚在呐喊，不由脱口而出："陶校长，你打我两下吧，我错了，我砸的不是坏人，是自己的同学……"陶行知这时笑了，马上掏出第四颗糖："为你正确地认识错误，我再奖给你一颗糖……"

在这个感人的故事中，陶行知先生当然表现出了相当高明的教育机智，但我从中读到的首先不是机智而是对孩子的爱、信任和尊重。换句话说，我认为陶行知这"四颗糖"所蕴含的首先是他发自肺腑的民主情怀。

读者千万不要误解，以为我反对"教育机智"。我只是认为，这种机智应该是自然而然地体现出来而不能是人为地"运用"。按我的理解，机智更多的是属于一种技巧，而这种技巧必须注入一种教育人文精神才会富有生命。离开了师生之间心心相印的感情交融，任何"技巧"都不过是教师的"小聪明"罢了。

人们常说教育是一门艺术，但一些教育者往往把这艺术仅仅理解成一种纯技巧的东西。其实，教育艺术就是心灵的艺术，它对教育者的要求首先不是技艺，而是对每一位学生由衷地热爱和尊重。所以我说，比教育机智更重要的应该是教育民主。

三

这里，我也讲一个我的教育故事吧——

一天早晨，我来到班上向一位女学生借修正液用，我发现她好像是在抄同学的作业。虽然我知道这个学生有抄作业的习惯，但我还是怕冤枉了她，所以当她把修正液递给我时，我小心翼翼地问她："你刚才没抄同学的作业吧？"她说："没有啊！绝对没有抄同学的作业。您看，这都是我的本子。"她当即还把手中的本子拿给我看。我一看果然是她自己的本子。"哦，那是我看错了，真对不起你。"我说这话的时候，的确是感到对不起她，因为我差点冤枉她了。

过了一会儿，在还修正液时，为了表达我的歉意，我亲自走到她的桌前把修正液递给她。就在我说"谢谢"的时候，我突然发现她的确是在抄同学的数学作业！当时，我极为愤怒，不仅仅因为她抄作业，更因为她欺骗了我——应该说，是愚弄了我！面对我严峻的眼神，她无言以对，低下了头。

我马上回到讲台上，当着全班学生的面狠狠地批评了这位学生的欺骗行为："她这样做，既是自欺，也是欺人！"想到刚才我心里对她的"歉意"，我真是恼怒到了极点，于是越说越气："大家都知道，××抄作业是一贯的！她如此弄虚作假，我就有理由怀疑她过去的作业是否都是她自己做的，而她每一次的考试成绩是否都是真实的！"

第二天，班上的另外一位女生尹萍给我写了一封长信。在信中，尹萍首先向我作自我批评："昨天的事，也有我的错，因为是我把自己的作业给××抄的。现在，我知道自己错了，我以后一定会改正的。请李老师原谅我。"接着她又对××提出了批评。但是，这封信主要还是对我提意见——

"李老师，我觉得您昨天批评××同学有些过火。当然，我理解您当时的心情，××对您撒谎，欺骗了您，您心里当然不好受。但是，您批评××时，为什么要说她以前所做的作业都可能是抄袭的呢？您还说您怀疑她过去的成绩是否真实。当着全班同学的面这样批评一个女同学，多伤她的自尊心啊！您知道吗，昨天整整一天，××同学都很自卑。吃午饭时，也不好意思和同学们在一起，而是一个人孤独地吃。李老师，我和同学们都很尊敬您，把您当成朋友，因为我们都能感到您是真心爱我们的。但既然是朋友，我就给您说心里话，相信您能接受。我知道您当时也是冲动，但这可能会影响××同学以后的上进心啊……"

读完这封信，我的愧疚是难以形容的。是啊，一个崇尚爱心的教育者竟然如此失去理智地伤害了一个学生的自尊心，这是多么富有讽刺意味啊！我当然有权利也有理由批评××的欺骗行为，但是，我有什么权利和理由因她犯这一次错误就怀疑了她所有真诚的努力呢？我有什么权利和理由要因这件事而摧毁她向上的勇气和信心呢？

怎么挽回这难以挽回的教育失误？当时我想，没有别的办法，自尊心只有靠自尊心来换回——我决定用自己的"尊严"换回学生的尊严。

我当即在班上把尹萍同学的信读了一遍，并叫班长把这封信张贴在教室里。我真诚地对学生们说："昨天，××抄作业是该批评，但我对她的批评显然过分了，我武断地说××以前的作业都是抄袭的，更是极端错误的。我向××同学诚恳道歉。我还要感谢尹萍同学，是她帮助我意识到了我的错误，是她提醒我改正错误。希望同学们向尹萍学习，随时监督我！"

当天，我又找××个别谈心，再次向她表示歉意。她非常感动，并且也向我承认了她的错误。我说："我们来比赛吧，看谁先改正自己的错误。"

从那以后到现在，据同学们和我的观察，××的确再也没有抄袭过别人的作业了，学习成绩也有了明显的进步。特别令我高兴的是，她对我比过去更亲近了，愿意向我敞开心扉了。

四

现在分析这件事，似乎也可以说我有"教育机智"——我的确抓住了某些教育机会，巧妙地把坏事变成了好事。但我得实话实说，这种"机智"绝非我事前的设计、策划，我当时只是想着如何尊重学生，如何抚慰已经被我伤害了的学生的心灵。我之所以要在全班认错，也不是为了施展一种"教育策略"，以此来换取学生对我的"敬意"从而到达我的教育目的。绝不是这样的！我当时只是这样想：既然我是当着全班学生的面伤害了××的自尊心，我就同样应该在全班学生的面前向她认错；既然学生错了，老师都可以批评，那么老师错了，学生当然也可以批评。在尊严上、感情上、思想上、人格上，师生应该是天然平等的。如果硬要说我有"教育机智"的话，我宁肯自豪地承认我具备了真诚的教育民主胸襟和教育人道主义情怀。

总有些老师不喜欢听别人说"师生平等",好像一说"师生平等",教师就失去了"尊严",就是"放弃了教育",就是"不敢管学生"了,就是"不尊重老师",就是丢掉了中国文化中"尊师"的优良传统……不知这类老师读了我这篇文章,是不是对"师生平等"有了更理性、更符合逻辑的新认识?

2021年5月21日

冲动犯错被撤班主任，冤不冤？
——致一位被举报的年轻老师

××老师：

放下电话，心里依然不平静。按说我已经在电话里劝过你了，如果是其他老师，我也就此罢了。但你毕竟是"李镇西博士工作站"的成员，自觉我对你的成长有一种特别的责任，所以我想再给你写封信谈谈我的想法。

学生不按学校要求穿校服，你好言相劝，请学生换校服，学生却依然不从，而且态度很不好，和你顶撞，估计当时孩子的话激怒了你，你一时冲动，强行用剪刀把学生的衣服剪破了。结果，学生回寝室就给市长热线打电话，把你给举报了。于是，层层追责，你因"违反师德"而被学校撤了班主任，并取消当年评优选先的资格。

我是从"镇西茶馆"后台留言知道这件事的。留言者颇有些讥讽的口吻，说你是我的"爱徒"，"出事了"，"事情很大，影响很大"，不知我是如何"选拔"的，云云。为了了解事情的真相，我给你的校长打了电话，情况属实，和你刚才给我说的完全一致。

现在，我还想对你说——

这事你肯定做得不对。当然，作为还在成长中的年轻教师，性格急躁，一时情绪失控犯了错，我可以理解你。但我理解你，不等于你这件事就做对了。学生没按规定穿校服，你教育他时他还和你顶撞，我不知道孩子当时说了什么激怒你的话，应该是冲撞了你的尊严，但这依然不是你简单粗暴处理此事的理由。

　　当然，我也听到了有人为你鸣不平："多大的事儿啊？居然就被撤班主任，还取消评优选先！""现在的学生也太不好管了，越是负责的老师越容易被处罚。""都是举报惹的祸！如果这事放在过去，根本就算不了什么，而现在的学生，动辄就举报，学校都怕了，老师更是战战兢兢。""现在的教师不好当啊，都成弱势群体了！"……

　　不能说这些话一点道理都没有，但你不应该这样去想，如果你这样去想，越想越会觉得自己委屈：辛辛苦苦当班主任，不但没捞着好，反而落得这么个下场！

　　一个是正值青春期、叛逆心理很重的初三孩子，一个是责任心很强却急于"征服"学生的班主任，一大一小两个不成熟、性格都很冲动的人，必然发生冲突。

　　但是，这必然发生的冲突未必不可避免。避免冲突的前提是，作为成人的老师，应该主动退让，在控制自己情绪的同时，让学生的情绪也冷却下来。但你没有这样做，面对孩子的冲动，你继续放任自己的冲动，最后铸成错误。

　　你骨子里面还是觉得自己的尊严不可冒犯，面对学生的挑衅语言，你觉得必须"打"掉他的"嚣张气焰"，以"捍卫"教师的尊严。于是，你在冲动中以损害学生的尊严"换回"自己的尊严，这是你这次犯错的实质。无论有怎样的客观因素，无论别人如何为你鸣不平，尽管这些辩护确实有一定道理，但都不能改变你所犯错误的本质。

　　其实，你可能还有更重要的理由感到委屈，就是你平时都是很爱学生、很爱班主任工作的，这点不但你的学生可以作证，你的同事和领导都看在眼中。当大多数学生得知你被撤班主任后都哭了，这足以证明你是一个深受学生喜欢的好老师。今天，我与你的校长通电话时，校长也说你的素质很优秀。

就连这个孩子的家长知道此事后，都立即给你道歉并希望能够挽回，还对你说："孩子一直都跟我说你对他们很好。"这个孩子的家长还特别提到，那次他的孩子因调皮将同寝室同学摔在地上的事，说你立即就开车送两个孩子去了医院。由于两个孩子的家长都在外地，你给孩子们买了盒饭和水后还特意给双方的家长发了信息，告诉他们孩子都已经吃完晚饭正在排队做检查，请家长放心。第二天，你又陪着两家人一起跑华西医院，晚上很晚才把孩子们送回寝室，然后独自驾车回家。

但是，错了就是错了，不要找任何理由为自己开脱。你因冲动犯错而被撤班主任，一点都不冤。你唯一要做的只有一件事——反思自己，提升自己，修炼自己。

令我欣慰的是，你现在正是这样做的。校长对我说，当学校找你谈话时，你态度很真诚，觉得自己确实不够冷静，确实不应该那样做。而更令我欣赏的是你对那个犯错孩子的态度。

换个老师，因学生举报而被学校处罚后，也许再也不会理睬那个举报自己的学生了，会冷落他，而你没有。当全班大多数孩子为你被撤班主任而流泪时，你看见那孩子的表情非常不自在，而且每次上课都心神不宁，作业也越来越差，你担心他压力大，影响学习，便主动和那个孩子沟通。你不但向学生承认了自己的错误，还安慰他不要背思想包袱。为了让孩子能够减轻负疚感，你甚至违心地说："你这样举报老师，老师不当班主任了，反而还轻松一些呢！我要感谢你啊！"后来，你一直关心这个孩子，现在你和他相处得很好。

你刚才在电话里对我说："我觉得，在这件事上，受伤害最大的是那个孩子，而不是我。因为孩子总处于内疚之中，虽然同学们并不知道是他举报的，但因为他的心虚，特别是看到同学们因我不当班主任而哭了，他的思想压力非常大，而这非常不利于他初三的学习。他本来很聪明，智商很高，我必须帮他放下思想包袱，让他顺利地度过初三。"

这就是一个老师的境界！我可以毫不夸张地说，凭这一点，就把你和一些老师区别开来了。

你刚才还对我说:"其实学生举报完我就后悔了,有次来跟我说了声对不起,很小声,我都几乎没注意到,当时也没反应过来他是在为这件事跟我道歉。现在想起来,孩子毕竟是孩子,还是很单纯的。"你能这样看待举报你让你被学校处分的孩子,难能可贵。

我还是刚才那个意思,这件事你肯定错了。别人能够宽容你,但你不能宽容自己;别人能够原谅你,但你不能原谅自己。然而,不能宽容和原谅的是你的错误,而对于自己的未来,你完全没有必要因此而背上沉重的思想包袱。今天,和你的校长通电话时,你的校长也说了,你其实是一个很有责任心也很有能力的老师,肯钻研,有上进心,以后还会给你机会的,他对你依然充满信心,充满期待。你看,你的领导对你多好!

估计你可能感到"对不住李老师",觉得自己给"李镇西博士工作站"丢脸了。千万别这样想!"李镇西博士工作站"要招收的就是你这样的青年人——很有上进心,很愿意成长,但就是不成熟,时不时还要犯点错误。我就是来帮你们的。我年轻时也犯过错误呢!就像一个孩子不摔跤就长不大一样,一个年轻老师不犯错误也不可能有真正的成长。所以,你一点都谈不上"给李老师丢脸",你所犯的错误不过是成长期的"青春痘"。何况,你这个错误是由于简单急躁的工作方法造成的,而不属于品质恶劣的错误。因为急躁,我们(包括我)有时候的确难以控制,犯错后又很后悔。这样的错误,当然也不应该,但毕竟不属于品质恶劣。有的老师犯的错属于性格缺陷或修养不够,比如情绪失控打骂学生,当然也不对,但毕竟不属于品质恶劣。有的错误则不然,比如有的老师性侵学生,有的老师有意向家长索要礼物,有的老师因为势利也因为私利偏袒某些学生而严重不公……这些在我看来,都是品质恶劣,我是很难原谅的。但你不是。何况你已经很真诚地认识到自己的错误,并正在改正中。这哪里会让我觉得"丢脸"呢?

我不认为这次学校对你的处分就能改变你走向优秀的人生方向。当然,也许对其他老师来说,一次处分足以让他"寒心",从此一蹶不振,甚至退出教育行业。但你不会,因为你有自己的追求。还记得我上次对"李镇西博士工作站"老师说的那句话吗——"我和他们不一样!"你们的追求、胸襟、目光、境界和对自己的要求,和那些甘于平庸的老师不一样!无论是别人的"打击",还是自己的犯错,都无法阻挡你的成长,你终究会在成长中发现一个卓越的自己。

是的,在我的眼里,你依然优秀。这里的"优秀"不是世俗意义上的什么荣誉的名分,而是你一直保持着追求优秀的姿态。若干年后,当你真正优秀之后,回看今天所犯的错误,那不过是一次小小的跌倒。那时候,你会感到一种战胜自己、超越自己的自豪。

我会继续帮助你,并永远注视着你的成长!

你的朋友　李镇西

2021 年 10 月 11 日
于南宁至成都的航班上

做到这"四个不停"，
你想不成功也很困难

我在外讲课，多次建议年轻老师尽量做到"四个不停"——不停地实践，不停地思考，不停地阅读，不停地写作。

这四条，不是从哪本教育论著里看到的，也不是从哪位名家口中听到的，而是我自己近 40 年成长的切身体会。

不停地实践。这里的"实践"当然是指自己的日常工作。从大的方面来说，包括课堂教学和班主任工作；从小的方面来说，包括备课、上课、批改作业、辅导学生、和学生谈心、组织班级活动、接待家长来访……强调"实践"是想说明，所有教师的成长都必须植根于丰富的实践。好教师不是靠自己的嘴巴吹出来的，而是用自己的行动做出来的。当然，只要是老师，不管他是否有成长的自觉意识，每天都会有做不完的事，都会"不停地实践"，但我这里所强调的"不停地实践"除了不停地做事，还包括在做事的同时，有意识地留存一些实践的"痕迹"。注意，我说的不是为了应付上面"痕迹管理"的"痕迹"，而是留给自己进行反思的一些素材。时间一长，你的实践就被这些素材"物化"了，沉淀为你的财富。

不停地思考。虽然我把"实践"放在第一条，但说实话，仅仅靠表面上的

"实践"是无法区别优秀老师和平庸老师的。因为我们走进学校，走进教室，走进办公室，所有老师都很忙，都在"实践"。然而同样是实践，有的老师只是盲目而麻木地做着，近乎被惯性推着做。而走向优秀的老师，却在一边实践，一边琢磨、研究、推敲、比较……即我说的"思考"。这个思考非常重要，它将决定一个年轻教师由被动的忙碌转向主动的研究。尤其是对自己每一天平凡工作的反思，简直就是教师成长的"催化剂"。古人主张"吾日三省吾身"，今天的老师也应该"三省吾身"，不断地审视自己的每一次课堂教学，每一次学生谈心，每一次突发事件的处理……如果成功，是何原因？如果失败，有何教训？如此反思，每日必进。

不停地阅读。毫不夸张地说，手不释卷，博览群书，就是教师征服学生的全部绝招。一个乐于阅读的教师，仅仅是浑身上下自然而然散发出的书卷气，就足以让学生佩服不已。"求实务虚"应该是教师阅读的准则。所谓"求实"，就是学以致用的阅读。我们的阅读一定要有助于自己的专业发展，教育理论、名家经典、学科专著等，都应该有系统的阅读，并转化为自己的"教育力"。用陶行知的话来说，就是将别人的知识扎根于自己的经验，进而结出实践的果实。所谓"务虚"，就是超越功利的阅读。我们是知识分子，应该站在人类精神文明的高地俯瞰我们的每一堂课。哲学、历史、文学、政治、科普等著作都应该出现在我们的床边案头。我们的视野越开阔，我们的灵魂越饱满，我们的课堂就越富有生命的气息。

不停地写作。对不少老师来说，比起实践、思考和阅读，写作是最难做到的，但写作是打通从优秀老师到卓越老师的"最后一公里"。如果一个老师只是做、思、读，他做的经验、思的收获和读的感悟，不过是瞬间的烟云，随风而散；但如果他能够坚持写作，那么不只是他的做、思、读的成果能够凝固在纸上，成为自己成长不可磨灭的清晰足印，而且他在写的过程中，还会有"二次收获"。因为写作不仅仅是客观的记录，还伴随着反思、提炼、梳理、总结、升华……模糊的变得真切，纷乱的变得清晰，被动的变成主动，偶然的变成必然。所以我说过，写作不仅仅是写作，还是基于实践的反思；只有精彩地做才能精彩地写，而精彩地写又能促使自己更加精彩地去做。真正的名师便是这样自然而然诞生的。

　　实践、思考、阅读、写作，这四点密不可分。实践是双腿，思考是大脑，阅读是左臂，写作是右膀。这当然是一个不那么准确的比喻，我只是想说，唯有四者结合才是一个完整的教育行走者。

　　不停地实践，不停地思考，不停地阅读，不停地写作……关键是"不停"，即通常所说的"坚持不懈"。只要做到了这"四个不停"，坚持五年八年，想不成长乃至成功，都十分困难。

　　好教师就是这样炼成的。

2021 年 9 月 29 日

坚持这"四个学习",
你想不成长都不可能

年轻教师成长的路上,除了应该做到"四个不停",与之伴随的还应该有"四个学习"——向书本学习,向他人学习,向自己学习,向学生学习。

我这同样不是看到哪本书上写的,也不是听名家说的。虽然许多书上写过类似的观点,不少名家也说过类似的主张,但我首先是从自己的成长经历中体悟到的。

向书本学习。虽然阅读的重要意义不言而喻,但我还是想以自己的例子强调一下,如果没有我年轻时如饥似渴地读陶行知、读叶圣陶、读苏霍姆林斯基、读钱梦龙、读于漪……我就无法想象我后来的成长。记得当年读钱梦龙等名家的论述和课堂实录时,我的心房常常被他们的智慧点亮,而且第二天这些智慧就可能成为我课堂设计的一个环节,或某次教育行为的亮点。向书本学习当然不是生搬硬套,而是把别人的思想实践化作自己的灵魂,最后落实于行动。我主张,年轻教师可以向四类书学习:第一,教育经典。用大师的思想武装头脑,站在巨人的肩上俯瞰教育。第二,学科著作。要追踪所教学科知名的特级教师们的新动态,从他们的经验中寻找自己需要的养料。第三,人文书籍。通过这类学习,使自己具备知识分子的胸襟与气度。第四,学生读物。和孩子保持共同的语言和心态，更有效地走进他们的心灵。

向他人学习。向他人学习，从某种意义上说，是成长的捷径之一。道理很简单，通过重走别人的路，自己可以少走许多弯路。这里的"他人"，指的是周围的同事和远方的名师。年轻老师刚参加工作，就算你不"拜师"，学校也会给你安排一位有经验的指导老师的。对于指导老师，我主张持续听他的课，至少坚持一年。当然，指导老师会经常来听自己的课，对于所有的建议包括批评，年轻人一定要沉得住气，多吸收，多反思，不要计较指导老师的"哪一点还不如我呢"。对于远方的名师，主要还是通过阅读其著作学习经验，也可以当面聆听其讲座。我主张，要以"研究"的方式向名师学习，也就是说，要通过研究学习名师的成长道路、教学经验、教育智慧、教育思想来吸取名师的精髓。另外，我特别主张年轻老师多看名师的课堂实录，不是看他具体的课堂操作，而是看他在课堂上面对生成性的问题所表现出的教育机智。

向自己学习。自己是自己最好的老师，自己每一天的教育行为，都是自己向自己学习的素材。和向名师学习一样，所谓"向自己学习"，其实也就是研究自己。这里的"研究"，就是研究自己的课堂教学，研究自己的班级教育，研究自己的成功举措，研究自己的失败做法……把自己当作研究者，就是对自己的教育实践包括细节不停地追问：这堂课有什么可取之处？为什么我会上得出乎预料地好？有什么值得总结的？这次谈心有什么不妥的言语？为什么我这么有耐心却始终没能进入孩子的心灵？有什么值得汲取的教训？为什么两个孩子犯同样的错误，我用同样的方法却轻而易举地说服了其中一个，而另外一个却油盐不进？我今天对学生的发火是不是必须的？我今天的失误是不是可以避免的？我的教育还应有哪些改进？……每天都这样追问，每次都这样追问，就是不断地研究自己，就是不断地向自己学习。

向学生学习。以我近 40 年的教育经历看，我们的教育对象有着教师成长不可缺少的养料。向学生学习，我们首先可能想到的，是学习孩子身上的优点。的确，相对于成年人，孩子们的心灵纯真无邪——至少比我们成年人洁净一万倍。我面对孩子，经常感到自己的心已经锈迹斑斑。另外，总体上说，孩子们的胸襟比老师开阔，很少（不是绝对没有）有学生会记恨老师。若干年后，学生们往往只记住了老师的好，而把我们忍不住的某次粗暴忘得干干净净。因此，他们的确有许多优点值得我们学习。但我这里更想强调，我们要形成一种制度，让学生监督老师克服缺点。我就是这样做的。在我的班级里，有师生共同制定并遵守的班规，里面有针对我弱点的制约条款。我的急躁、爱发火、爱拖堂等毛病，都是学生通过班规帮我改正的。陶行知把"向学生学习"作为民主教师的资格，今天依然有着现实意义。

"终身学习"的理念已经被越来越多的人接受，甚至已经成为国际教育的共识。教育者本身就应该同时是终身学习者。这里的学习，含义十分丰富，但至少应该包括我说的以上四点：向书本学习，向他人学习，向自己学习，向学生学习。

列夫·托尔斯泰曾说："人类被赋予了一种工作，那就是精神的成长。"作为有热情、有追求的年轻教师，这"四个学习"就是你成长路上四个强有力的助推器。

2021 年 9 月 29 日

辑二 △ 师友

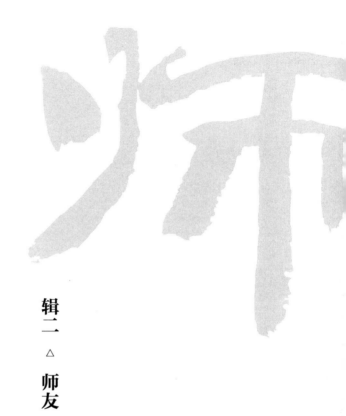

亲爱的老师，我把您对我的爱传递给了我的学生

——想念我的三位老师

一年一度的教师节又到了，我自然会想到我的老师们。

应该说，所有教过我的老师，都曾给过我心灵的滋养，并影响着我的成长。对此，我永远铭记并感恩。

今天，我想着重说说我的小学老师杨显英、高中老师张新仪和大学（读博期间）老师朱永新对我的爱和教诲。

一

杨显英老师是我的启蒙老师。现在回想起来，她教我们的时候，不过20来岁，或者更年轻。无论在当时的我的眼中，还是现在回想起来，杨老师长得都不算漂亮。然而，几十年过去了，在我的心中，杨老师的形象一直是那么亲切而鲜活。

记得有一篇课文叫《小猫钓鱼》，好像说的是小猫钓鱼时总想去捉蝴蝶所以老钓不上鱼，课文显然是教育小朋友做事要专心。课文很有趣，更有趣的是杨老师讲的时候不但模拟老猫、小猫和蝴蝶的语气，而且还手舞足蹈地模拟它

们的动作。课文讲完后,杨老师还把课文编成童话剧,找几个同学扮演课文中的角色。我就有幸被杨老师指定为"演员"。我扮演的是小猫还是蝴蝶已经记不清了,记得清的是有一次杨老师给我戴小猫或蝴蝶造型的道具帽时说:"哎呀,李镇西的头这么大,都戴不稳了!"我还记得正式演出时,杨老师在我脸上擦红油彩时,她那温暖的手掌摩挲着我的脸……

杨老师教我时,我的父亲已经重病缠身,常常要在妈妈的陪伴下去省城看医生。每当这时,我便被寄养在杨老师家里——其实,所谓的"家",不过是杨老师的单身宿舍。杨老师的宿舍很狭窄,除了放一张桌子——既是餐桌又是书桌,一个书柜,一张单人床,屋子里几乎就没有其他空间了。我住在杨老师家里短则几天,长则一个月、两个月。那时候,杨老师照顾我的生活可不是为了"创收"。按当时的风气,学生因为种种困难住在老师家里从来没有"交费"一说。最大的报酬,就是每次我爸爸妈妈来接我时送给杨老师的糖果、点心之类。杨老师真的是把我当作她的孩子了,要照顾我一日三餐,还要给我洗澡、洗衣服。那时没有电视,更没有电子游戏,晚上在杨老师家里,我和杨老师面对面地共用一个桌子,杨老师备课或批改作业,我做作业。做完作业后,我便翻看杨老师书柜里自己能够读得懂的书,记得《钢铁是怎样炼成的》的连环画就是在杨老师家里看的。每天晚上,我都是和杨老师睡在一起。

后来,我父亲还是去世了,当时,我刚满九岁。那天我去学校上学时手臂上戴着青纱,杨老师看到后,走到我的面前,站了很久,一直看着我,没有说一句话,最后轻轻叹息一声,用手摸了摸我的头和脸。

不久,听说杨老师要调走了,全班同学都很舍不得离开杨老师,不少同学都哭了。我和几个同学来到杨老师的宿舍,看见杨老师在收拾行李。我们天真地问:"杨老师,你真的要走吗?"杨老师转过身,一一抚摸我们的头,然后点了点头。我又问:"杨老师,你要到什么地方去呢?我们以后来看你。"杨老师笑了:"我要去的地方很远很远,说了你们也不知道的。"可是,我们都缠着杨老师,非要她说出她要去的地方不可。于是,杨老师很认真地回答我们:"宝鸡。"

那是我第一次听说"宝鸡"这个地名，我当时真不知道这个"宝鸡"在什么地方，但是，从此以后，我便知道了中国有一个地方叫"宝鸡"，因为宝鸡有我的杨老师！

从此，我再也没见过杨老师，几十年来没有听到过关于杨老师的半点音讯。

连照片都没有留下一张。但半个多世纪过去了，我依然想念我的杨老师——想起她给我的脸上抹油彩，她柔和的手掌好像依然还在我的脸上摩挲着；想起她叹息着抚摸我的头，她沉重的声音好像依然还在我的耳边回响着；想起和杨老师睡在一张床上的情景，她那母亲般的气息至今还温暖着我的心……

二

张新仪老师是我的高中班主任，教物理。

张老师一直非常欣赏并信任我，对我很好。其实，张老师并不是只对我一个人好，她真诚而平等地爱着每一个学生，也绝不容忍有学生不尊重别人。

所以，虽然我学习优秀，物理成绩很好，但一向欣赏我的张老师却绝不因此而迁就我的错误。

我曾为了取笑班上一位年龄较大的农村同学，在他桌子上赫然写下一行毛笔字："祝你安度晚年！"张老师知道后异常愤怒，当着全班指着我的鼻子批评道："李镇西！你简直被我惯坏了！你凭什么看不起农村同学？你以为你是城里人就了不起了……"我伏在桌上痛哭不已。

太不给我面子了，太伤我自尊心了！以后几天，我都不理张老师。过了好久，我自觉惭愧，面对张老师，鼓起勇气喊了一声："张老师……"

"怎么？还是要理我啊？"从此，张老师不再提起此事。

张老师非常爽快利落，绝不拖泥带水，甚至连"苦口婆心"和"语重心长"都很少，更不会像有的老师那样，学生犯了错误便长时间"谈心"，还一个劲儿地追问:"你为什么要这样做?你当时是怎么想的?动机是什么?"孩子犯错,很多时候是糊里糊涂做了就做了,哪会想那么多?张老师也从不让犯错的学生请家长。这就是张老师的风格。

后来我大学毕业,成了一名中学语文教师,依然常常去看张老师。有时候碰上张老师正在批改物理作业,便要我帮她批改作业——在她心目中,我还是"物理尖子",其实那时我的物理知识已经忘得差不多了。

在张老师心目中,所有学生都是她的骄傲。

几年前,我们高中同学搞聚会。中午吃饭时,大家给张老师敬酒,有同学指着我说:"李镇西是张老师最得意的学生。"张老师马上纠正:"不,每个学生都让我得意!"

同为教师,我深知这句话所蕴含的意义:唯有视每一个学生都为"得意"的老师,才是真正而纯粹的教育者。

那次参加聚会是我开车接送张老师的。往返四个小时车程,我一边开车一边和张老师聊天。她说:"我从1963年大学毕业开始教书,一直到2007年,从22岁到66岁,整整44年,教过两年俄语,后来一直教物理,一直当班主任,一天都没有离开过讲台。那天女儿问我,这一辈子最开心的日子是什么时候?我说,还是我当老师和学生在一起的时候最开心。学生总是那么单纯可爱,只有和学生在一起,才会真正快乐。"

我问张老师:"那你教了一辈子书,有没有学生恨过你呢?"

张老师想了想,说:"嗯,有的。一个学生比较贪玩,我就去家访,这个学生对我就不高兴了。后来参加工作了,在医院工作,见到我都不理我。"

这是唯一一个长大后对张老师还耿耿于怀的学生,但张老师显然没有半点错。我说:"你去家访是为他好,对他负责,可能他以为你是告他的状。现在好多老师都不家访了。"

张老师却并不认为自己去家访有多么"高尚",说:"以前,老师家访是常规工作。"

过了一会儿,张老师问我:"李镇西,你教书这么多年,对学生说过假话或做过什么假没有？"我回忆着，心想要说一点违心的话都没说过是不可能的，我正要回答，张老师却主动说："我做过假。有一个学生来叫我给她开初中毕业证明。她读书时因为成绩不好，并没有拿到毕业证，但工作后因为什么原因，需要一个初中毕业的证明。我想了想，还是给她写了一个证明，拿到学校教务处盖章。我知道这是作假，但人家都已经工作了，这个东西也许对她有好处。"

我说："您这个'作假'充满爱心，是为您的这个学生着想。我中学时因故失学，也是我父亲的一个当校长的朋友给我开了一个假的转学证明，使我得以继续学习。不然，我后来不可能考上大学。所以，那次'作假'，改变了我的命运。"

"当老师的，最根本的还是要爱学生。"张老师这句朴素的话，也是贯穿她教育生涯的灵魂。

张老师教书的确特别棒，所有学生都喜欢听她的课，她能够把物理讲出趣味和魅力，当年我就是因此迷上物理的。我至今还保留着当年张老师给我批改过的物理作业本。她当班主任，那是真的爱每一个学生，绝无半点功利，更不势利。可是，张老师却不是特级教师，也没担任过学校的任何行政职务。她最高的"职务"，就是班主任。

记得有一次我问过她："张老师，您怎么不是特级教师呢？好多特级教师还不如您呢！"

她说："我母亲从小就告诉我，知足常乐。我从不与人争，所以一直很满足。学生们对我都很好，但我从不在乎学生们是否对我'记情'，毕业后是不是要来看我。他们来看我也好，不来看我也好，我都认真教书，因为这是我的工作。教师的一切都是为了学生，而不是为了'上面'。一个老师好不好，最终应该由学生来评价。"

"长大后我就成了你。"张老师也许知道，也许不知道，我当老师，正是自觉不自觉把她当作标杆。像她那样爱学生，像她那样胸襟豁达，像她那样善良宽容，像她那样以教学艺术赢得学生的心，像她那样尊重每一个人……一句话，像她那样真诚热爱自己的事业和学生，做一个平凡而幸福的老师。

三

当我艰难地考上（因为英语，我第一次没考上）朱永新老师的博士生时，已经42岁了。

朱老师当然在学问上给了我很多指点，正是他在我面前打开了教学哲学的大门，一下拓宽了我的教育视野。但他对我最大的影响，还是做人。

朱老师常常告诫我们："要学会做学问，首先要学会做人，而做人首先要学会与人相处，要与人为善，要豁达大度，要以德报怨，你最终才能有所成就。"朱老师的豁达大度是所有的同学和同事都很佩服的。他做教务处长的时候虽然把苏州大学教务处建设成为全国最好的大学教务处，受到教育部的表彰，但是有人不理解他、不支持他，甚至还打击他，但是他不但没有与这些人发生过冲突，反而这些人最终成为他的好朋友。

曾经有一个网友跟我说，朱老师在网上给他留下的最深印象，就是他博大的胸襟，无论有人冲着朱老师贴出怎样"大不敬"的帖子，他从来都是呵呵一笑而已，从不往心上去。其实，和朱老师零距离接触，我早就感受到他博大的胸襟了。作为博导，他这种胸襟体现为虚心听取他人的不同意见，包括向学生学习。

我敬重朱老师，但绝不盲从。他多次说我把他拉进了网络，呵呵，这是我"不听他的话"的一个典型例子，也是"他听我的话"的一个有趣故事。他曾经在一篇文章中写到我时，还专门说到这事儿——

李镇西特别喜欢网络，经常在课堂上说起"网事"。我曾当面"批评"他，不要像中学生那样沉湎网络！但是，他依然我行我素。更有意思的是，有一天，他和晓骏、卫星等竟然密谋把我拉下了水，拖进了网。他们说，著名学者都有自己的网站，朱老师当然应该有！就这样，去年6

月，我们的网站开张了。

朱老师就是这样，哪怕是学生的意见，只要他认为对，就虚心采纳，从不因所谓"老师的尊严""博导的面子"而固执己见，真正是虚怀若谷！他这也是在用自己的行动教我们如何在做学问中做人，或者说如何在做人中做学问。

他曾经亲口对我说："只有大胸襟，才能做大事业！"

所以，每当我因一些琐碎的是非而感到郁闷时，总会想到这句话，并问自己："如果朱老师遇到这样的情况，他会怎么做？"这么一想一问，我的心胸一下豁然开朗，一切都显得微不足道了。

朱老师和学生相处，充满一种非常自然的民主和平等气息。在朱老师的课堂上，我每每会忘记他是老师，因为他总是以商量的口吻与我们四个博士生一起平等地探讨。

朱老师上课，多数时候是笑眯眯地与我们聊天。一上课，他往往总是这样开头："我们今天来讨论一下……"于是他便抛出个话题，如师生关系、教育公平、教育民主等，然后便叫我们各自聊聊想法。"你说呢？""你的看法如何？""嗯，很好！还有没有补充？"……这是他授课的常用语。等到他发言时，往往这样开头："我是这样看这个问题的……""我们可不可以这样来看这个问题……"他的话并不多，但往往画龙点睛，于朴素晓畅中流淌出深刻，而又绝不阻挡我们思维的飞翔，更无居高临下的"学术威严"。就在这样宽松和谐而又不乏思想碰撞的氛围中，我们每每在"山重水复疑无路"之际进入"柳暗花明又一村"的境地。

朱老师对博士生的态度总是那么宽容，哪怕他不同意我们的观点，也不轻易批评，而是以商量的口吻予以引导。

记得有一次上课，朱老师谈到杜威的"儿童中心主义"，我表示不同意，当即和朱老师争论起来："我以前一直以为杜威是儿童中心主义，但最近看了杜威的著作，我感到他虽然在教育的具体过程中提倡充分尊重儿童的兴趣，但从根本上说，他还是社会本位，而不是儿童本位。他的整个教育目的都是服从于社会的。"

朱老师听完了我的话,没有表示赞同或反对,而是依然微笑着说:"嗯,这个问题当然还可以讨论。不过,我建议你多读一些他的著作,然后再作结论,这样是不是要好些呢?"

后来,我按朱老师说的,更广泛地读了一些杜威的书,于是在博士论文中写下这样一段——

> 有人以杜威提倡"儿童中心主义"为理由,认为其教育目的观是"个人本位",也有人以杜威主张"实用主义"为理由,认为其教育目的观是"社会本位"。事实上,在杜威那里,儿童是教育的出发点,社会是教育的归宿点,正像两点之间形成一条直线一般,在教育出发点的儿童和教育归宿点的社会之间,形成了教育历程。由此我们看到,个人与社会的统一或者说个人的生长与社会的改造的统一,正是杜威所思考并追求的教育目的。

朱老师可能已经忘记了那次"争论",但我忘不了——正是那次他看似淡淡的几句话,把我的思考引向了深入,最后对杜威得出了这样的结论。

在朱老师身边读博的日子里,我们经常谈起中国教育存在的种种问题,也忧心忡忡。但朱老师说:"中国教育并不缺乏批判者,但重要的是,应该怎么做?"他的意思是,建设比批判更重要,或者说,建设是更深刻也更彻底的批判。从那时候起,"新教育实验"已经在他心里萌发,直到后来生机勃勃于中国大地。

因为追随朱老师,我后来的教育进入了一个更高的境界。

四

我当了一辈子老师,应该说,我几十年的教育都自觉不自觉地打上了我的老师的烙印。

杨老师对学生的呵护与关心，张老师视每一个学生为骄傲，朱老师博大的胸襟和他平等民主的师生关系，都直接体现于我的教育实践中。

如果没有这些老师，我可能也会当一名老师，但不一定是好老师；因为有了杨老师、张老师、朱老师等许多教过我的老师的影响，我才成为一名好老师。

是的，现在我退休了，我可以毫无愧色地说："我是一名好老师！"

因为，我把我的老师给我的爱，传递给了我的学生。

2020 年 9 月 5 日

"魏书生简直就不是人!"

一

请读者别误解,我这绝对不是标题党。这句话是昨天我当着魏书生老师的面,对300多个老师说的。

当我请魏书生老师来给我工作站几十个老师讲课时,虽然时间是中秋节小长假的中间,可闻讯自发赶来听课的老师依然超过了300人,武侯区教科院学术报告厅几乎坐满了。为了满足网友们的需求,我还安排人做了实况同步直播,收看者达到了1.6万人次。

魏老师的报告题目是"师生共同享受自学自育的快乐"。他以自己的成长为例,讲了他从年轻时当工人到后来当老师、当局长的故事。

他说:"我们都知道一些常识,既然是常识,是咱老祖宗留下的好东西,那么,我们就不动摇、不懈怠、不折腾,就坚持不懈地去做。今天给我出的题是——自我教育、自育自学。我一直是领着学生自学,也管理着自己的学习,一直在享受自我教育的快乐,享受自学的快乐。"这快乐在哪里呢?他讲了和学生一起的"每日七个一":每日至少做一分钟家务劳动、写一分钟的日记、课前一支歌、课间踏步一分钟、读中外名著至少一分钟、练说一分钟、注意力训练一分钟。他还讲了对学生提出的"八个学习习惯"：一是制订计划的习惯，二是预习的习惯，三是适应老师的习惯，四是自己留作业的习惯，五是积累错题集的习惯，六是互相出考试题的习惯，七是筛选信息的习惯，八是大事做不来、小事赶快做的习惯。最后，魏老师还给在场每一位老师布置了一道作业：让大家回去和孩子们一起找自己的 20 条优点长处，然后把这些优点长处做成习惯。

两小时四十五分钟，魏书生老师一直站着讲，这对一位 71 岁的人来说，是他身体健康、青春焕发的证明。他讲着讲着，还随着内容或金鸡独立，或原地小跑，整个就是一年轻人的形象。

魏老师的报告别具风格，内容看似老生常谈，却带有他自己的生命体验。正如现场听讲的李琬鈢老师课后所说："魏老师谈到自己的生命，始终是调侃的、幽默的，有如在唱二人转一般。轻松的口吻，微微的笑容，讲出来的，全是艰难的岁月。可魏老师告诉我们小辈一个道理，经历什么不是最重要的，感受到什么才决定是不是幸福。善于抱怨的人，善于埋怨的人，一定不会幸福。懂得苦中作乐，能看到事情全部真相的人，才能真正幸福。有那么一瞬间，我在魏老师身上好像看到文学大家苏轼。他是热爱生活，热爱生命，也是热爱教育的人。他把教育中的劳累看作占便宜，用公家的时间锻炼了自己私人的身体。其实这就是人生的真相，事情的全部吧。任何事情都取决于你怎么看，怎么选择。这让我越来越愿意相信，幸福是一种感受，是自己的选择。"

二

他讲完了，我谈了几句感想。第一句话就是："魏书生老师简直就不是人！"全场惊愕。我接着说："因为他是神！"

雷鸣般的掌声和着笑声响了起来。

我说："魏老师今天的报告是在讲教育，但又远不仅仅是在讲教育，而是在讲做人，讲人生，讲生命。有人喜欢把我和魏老师相提并论，什么北有谁南有谁，说这话的人当然是好心，但至少是无知。真不是我谦虚，或者我并不是虚心，而是心虚，因为我和魏老师完全不在一个层面，他不是人，是神。他是站在宇宙的高度看星球，站在云端看人生，站在生命的高度审视教育。"

其实，在魏老师开始讲课前，我就展示了一本他的《班主任工作漫谈》。

我说："这本书现在有很多新版本，但这是我1995年暑假买的。当时魏老师在乐山作报告，我专程从成都赶去听。从1987年开始关注魏老师，就跟他学，那次是第一次见他，我还记得那天是1995年7月22日。上午讲了下午讲，讲了一天。中午，我去会场的路上看见魏老师在前面走，便上前问他好，并一起走到会场。他当时在我买的《班主任工作漫谈》上写了四个字：解放自我。当时我刚刚送走一届高三毕业班，下学期又将带初一。那个暑假，我遇到了魏书生老师，读完了《班主任工作漫谈》，心潮起伏，并作出了一个庄严的决定，向学校申请当两个班的班主任并教两个班的语文。后来学校同意了我的申请，只是这两个班一个是成绩最拔尖的班，一个是问题学生最多、成绩当然也最差的班。后来这两个班给了我许多教育财富，我的许多书里面都有这两个班的故事。当时也有人说我'不简单'甚至'了不起'，可这一切都源于学习魏书生老师。"魏书生老师近三个小时的报告感动了大家，启发了大家，震撼了大家。我说："正如我当年受魏老师启发而改进自己的教育工作一样，我相信今天大家听了魏老师的报告也一定能够改变或改善自己的教育工作的。"

三

我再次说到"魏书生老师不是人"。我说："魏老师是一位境界很高的教育者。他的职业态度有别于许多老师。我前几天谈到教师对待职业的五种态度。第一，是把教育当'差事'，既然是'差事'，那就是被动地去做，而且没当成终生的职业，自然不会认真，多半会应付。第二，是把职业当'饭碗'，当

'饭碗'当然不能说境界很高，但也不可耻，只要真的把教育当'饭碗'，就会认认真真地对待每一个学生和每一堂课，敬畏'饭碗'。第三，是把职业当'事业'，不断地研究和创新。第四，是把职业当'宗教'，我这当然是一个比喻，比喻对教育的执着与信仰。魏书生老师正是把教育当'宗教'。我呢，显然没有魏老师这么高的境界，我是第五种，把教育当爱好。我喜欢，便乐在其中。魏老师的境界，我达不到。所以我说，魏老师的确不是人，而是神。"

"不过，我觉得我和魏老师也有相同、相通之处，"我说，"那就是我俩都追求朴素的教育，追求教育常识。我经常说，朴素最美，常识可贵。教育不就是每天认认真真地上课，认认真真地带班，认认真真地爱着每一个孩子吗？我这次也送了魏老师我的两本书《旅行，与世界对话》《教育的初心》，我在两本书的扉页上分别写的是：'亦师亦友亦兄，同教同乐同心。''恪守教育初心，保持善良本性，追求职业幸福，享受朴素生活！'"

最后，我说："我特别自豪，当年魏老师是我的偶像，后来成了我的老师，我不但学习他做班主任，还在他的鼓励下做校长。当校长前我没信心，他鼓励我，能够做好一个班主任，就能当好一个校长。再后来我俩成了很好的朋友！全国那么多人请他讲课，不一定能够如愿，可我一个电话，他二话没说就来了。从偶像到老师，从老师到朋友，这是我的骄傲。所以我说年轻的老师们，你如果将你们的偶像变成老师，最后又和老师成为朋友，这就是你成长与成功的标志！在这一过程中，你不断和你的偶像缩短距离，这就是不断地发现自己内心深处那个卓越的自己。用我经常在外面讲课时的题目讲，就是'用一生的时间去发现那个让自己吃惊的我'！"

四

自从我建立了"李镇西博士工作站"以后，每期我都邀请全国知名的专家——杨东平、李希贵、程红兵、吴正宪、华应龙、王崧舟、流沙河……来给我工作站二三十位年轻人讲课。这些年轻人很是"奢侈"，赫赫有名的专家专门为他们上课。但由于体制内的财务制度，我能够付给这些专家的课酬简直就拿不出手，但这些专家同时又是我关系非常铁的兄弟或朋友或长辈，从不说课酬，他们都说："我们是为你去的！"可是人家不计较，我过意不去啊！也正是这个原因，我早就想到却迟迟没有请魏书生老师。其实几年前我就向他说过一次要请他来讲课，他当时毫不犹豫就答应了，说"随时听你吩咐"，但后来我没"下文"了，就是因为觉得课酬太少而对不住他。

上个月，我再次给他打电话，厚着脸皮请他，然后在微信上提前道歉，说这次活动近乎公益，没什么课酬，只能象征性地"表示"。我没给他说具体是多少，其实按规定税后也就2000多元，我真的说不出口。然而，他明确说："您安排的课程，我不要课酬，最好机票费都不要，这样我才更轻松些、舒服些。"

我急了，说按规定还是有不多的课酬，请他"千万不要客气"。结果他回复我："低标准课酬可以收，机票费不能要。"

但我依然不死心，想办法多给他增加一点课酬。体制内不行，我就在体制外动脑筋。我找到一家民办学校的校长，说："我把魏书生老师请来了，你们学校是否愿意和我工作站联合举办这次活动？"他当然非常乐意，并表示愿意提供赞助。当天，他便从微信上打了几千元钱给我，说给魏老师的课酬。我怕魏老师不收，便在微信上转给他时特别说："这是你应有的课酬，只是分两次支付。"

结果，魏老师拒不接受："李老师好！超出了咱们商量的标准，不接收是为了减轻我的心理负担。请您理解！谢谢您！"

我一下意识到，对魏老师完全不用违背他的意志，对他最好的尊重就是依他。于是，我一句都没劝，回复道："哈哈，你收了，你心里有负担，你不收，我心里有负担。那我就高尚一次，把心理负担留给自己，让你轻松吧！"

我之所以详尽"揭秘"这一"内幕"，就是想再次证明，魏老师的确不是"人"，而是境界很高的"神"。

五

和魏老师相比，我当然不是神，但中午吃饭时，我对他说："我完全理解你对待课酬的态度。我想，我俩在这一点上也许是一样的。我对待课酬是三种态度：第一，分文不取，给我我也不要。那是去边远贫困地区讲课或者支教，比如我上周带老师们去四川马边彝族自治县，我们分文不取。我去年第一次去，给全县老师做培训，临走时一位领导给我一个厚厚的信封，我说，如果我收了这个钱，我就没脸再来马边！有一年去陕西蓝田讲课，他们给我一笔不菲的课酬，说已经出账了，我不收他们也不好处理，我就说，那你们直接打给新教育基金会吧，算你们的捐助。第二，是去学校讲课，那就看学校的情况，给我课酬，我会收下，毕竟人家有这笔专门用于培训的经费，但我从不会提什么课酬标准，给多少我都不会计较，不给我也不要紧的。好几次去学校讲课，没有课酬，学校送我一个茶杯，或一双新皮鞋，我也高高兴兴地收下了。我理解学校的困难。第三，社会培训机构请我，我当然要接受课酬，因为这本身是市场运作，我接受课酬是对我劳动的尊重，一点都不可耻。但是，我不会提什么课酬标准。还有，对于有些不正规的、资质不明的机构，我一般不会接受邀请的。"

魏老师不住点头，表示赞同。

这次魏老师来成都虽然只有短短的一天，但让我感动的地方还有很多。他来成都之前，就专门给我发微信说："19日晚上不要麻烦办公室老师到机场接，以减少无效劳动。订网约车到酒店即可，少添麻烦多干活，这样我才更轻松。咱们20日早上会场见。"

怎么可能？

我说："19日晚我一定要去机场接你，不然我会过意不去，当晚会失眠的。"他回复："那就只好恭敬不如从命了。"

上飞机前，他给我发微信："你接我，我有负担；你不接，你有负担；麻烦你接我，我把心理负担留给了自己，我也高尚了一次。在飞机上用晚餐，到双流机场后直接去住处。"

去机场前，和我一起去接魏老师的王慧茹老师说："魏老师九点左右下飞机，晚饭是在飞机上吃的，肯定没吃好。下了飞机，我们带他去吃点吧！"

我说："我太了解魏老师了，而且我也是这样的。一下飞机只想进酒店房间休息，根本不会再去吃什么东西。我去讲课，常常有意把机票时间或高铁时间订在吃晚饭的时候，这样到了目的地，刚好和晚饭完美错过。我想魏老师也是这样的。"

果然，九点多接到魏老师，我问："再去吃点东西？"

他连连摇头挥手："不用了，不用了，我在飞机上吃过了，咱们直接去酒店。"

"好的。"我一句都没劝，"我就知道你不会答应的，但我必须问，不然显得我没礼貌。"

他笑了。

然后，我又说："那明天中午，我们总可以一起吃个饭吧？"

他说："最好是盒饭，萝卜青菜小米粥。"

我说："好，那就这样定了。"

我依然一句都没劝他。在我看来，对人最好的尊重，就是"依他"。

果真，第二天中午，我安排人订了盒饭，依从魏老师的心愿，全是素菜，有两样荤菜是给陪同的老师吃的，我也陪着魏老师吃素。遗憾的是，没有小米粥。

我和几位老师就在我办公室和魏老师一起吃盒饭，边吃边聊，格外香。

吃完饭，我安排老师送他去机场。我说："魏老师，我马上还有讲座，就不能送你了。我工作站还会不断招收新的学员，两年一届，下次招了新的一期学员，我还要请你来讲课啊！"

他说："你吩咐，我干活就是了。"

六

下午，我继续给工作站的老师讲课，讲家庭教育。

我先讲了魏老师的午餐："这就是你们心目中的偶像！魏老师生活相当简单，不喝酒，不吸烟，不饮茶，不喜欢饭局……这点和我完全一样，但不一样的是，他连水果都不吃，也不太爱玩。我每次外出讲课，往往带着相机，当地如果有可拍的景点，我还拍拍照。可魏老师，来去匆匆，讲了就走。所以说，他的确不是人，而是神！"

2021 年 9 月 21 日

魏书生究竟是不是神？

昨天在推出《"魏书生简直就不是人！"》之前，我估计会引起比较强烈的关注，因为"魏书生"这三个字就是很多老师的兴奋点，但引起如此大的反响，却超出了我的预料。绝大多数读者和我产生了共鸣，认同我对魏书生老师的评价，但也有几位老师表示"不敢苟同"，他们认为，不能把魏书生老师当作神，这个世界上也没有神。

好，那今天我就简单说说：魏书生究竟是不是神。

我的答案：是，也不是。关键是在哪个角度，或者说是在什么意义上理解"神"这个字的含义。

其实，无论说他是神，或不是神，都只是一个比喻，而不是"实打实"的评价，因为这个世界上本来就没有神。所以，当我们在用"神"评价一个人的时候，无非就是夸张地说他有一些超过凡人的地方，而否认他是神，其实是否认这种夸张。

我昨天说魏老师不是人是神，首先是强调他超出一般的境界，这种境界至少我是达不到的："我和魏老师完全不在一个层面，他不是人，是神。他是站在宇宙的高度看星球，站在云端看人生，站在生命的高度审视教育。"作为

"凡人"，我们只能贴着地面看教育，而作为"神"，他是在宇宙的高度俯瞰教育。他不是"神"是什么？

我说魏老师是"神"，还在于他对教育那种"宗教"般的情怀。普通老师把教育当工作，认认真真对待这份职业，应该说是很不错的；还有教师是把教育当事业，去研究，去探索，去创新，更了不起；可魏老师是把教育当"宗教"，教育是他的信仰，是他的人生，是他的全部生命。说实话，这种高度我达不到，很多老师也达不到。他不是"神"是什么？

我说魏老师是"神"，还在于他那质朴到了纯净、极简到了淡泊的生活态度："魏老师生活相当简单，不喝酒，不吸烟，不饮茶，不喜欢饭局……他连水果都不吃，也不太爱玩。我每次外出讲课，往往带着相机，当地如果有可拍的景点，我还拍拍照。可魏老师，来去匆匆，讲了就走。"衣着朴素，生活简单，萝卜青菜小米粥，就是他最好的美味享受，好像他不食人间烟火。他不是"神"是什么？

所以，我是在这几个意义上说，魏书生老师不是人，是"神"。但他又不是"神"，也不可能是"神"，因为神就意味着无所不能，句句是真理，时时都正确，事事都英明。魏书生老师显然不是这样的，他也不会承认自己是万能的"神"。

年轻时，我的确迷信过魏老师，也亦步亦趋地学习他——其实是模仿他。但随着我自己教育实践的丰富，和我对教育认识的逐步成熟甚至深刻，我也以审视的眼光重新打量魏书生老师的教育经验，结果发现，也有一些"不敢苟同"之处。比如，他"民主加科学"的治班理念和教学实践，其"民主"真的是民主、"科学"真的是科学吗？比如，他的语文知识树，是否符合语文教育的特点？比如，我也听过他的语文课，有的让我打心眼里佩服，并跃跃欲试想上一堂他那样的语文课，但也有些语文课我就不太喜欢，觉得缺少一点语文味儿……如果是"神"，那一切都是正确的，但魏书生老师不是"神"。

而且，即使魏书生老师的做法正确，也不一定符合每一个人和每一个地区。20年前他在北京上了一堂语文课后，说："同样一堂课，我有我的上法，李镇西有李镇西的上法，上出个性来就是最好的课。"如果是"神"，那一定是"放之四海而皆准"，但魏书生老师不是"神"。

魏书生老师成名很早，20世纪80年代初就引人注目了，但对他的质疑乃至批评也开始了。抛开一些恶意的人身攻击，有些不同声音其实不无道理。比如，程红兵曾在《语文学习》上发表《语文教学"科学化"刍议——与魏书生同志商榷》，就不是情绪化地胡说，而是很有君子风度地理性质疑；又比如，蔡朝阳老师曾在《教师之友》上发表《魏书生：技术主义与权威人格的末路》，言辞尖锐，思考深刻，即使读者不同意其观点，也能够拓展思路，有所启发。如果是"神"，那肯定是不容批评的，只能膜拜，但魏书生老师不是"神"。

所以我说，说魏书生老师是不是神，看你是从什么意义上说。何况，我前天是在现场带点儿调侃的口吻，强调他的"不一般"，说他是"神"没错。换个角度，说他不是"神"也没错。

让我敬佩的是，魏老师面对所有批评和不同声音，都以从容、宽厚的胸襟接纳。你从来看不到他义正辞严（气急败坏）地"反驳"，相反他一如既往地温和、淡定。你说得对，我接受；你说得不对，我尊重你发表不同观点的权利；你谩骂，我不理睬你。

我完全同意网友袁幼成老师昨天的留言："我非常崇拜魏老师，但我不会把魏老师当作神来崇拜。尽管我知道我几辈子也不可能达到他那种境界，但我知道，把他当教育家来学习与崇拜比当神来膜拜，更符合事实，也更有利于我们的成长，亚里士多德说'吾爱吾师，吾更爱真理'。"

把魏书生老师推崇为"神"，是钦佩他超凡脱俗的人生态度，虽然我们学不来，但不妨碍我们敬仰他；把魏书生老师还原为"人"，是平视他的教育观点和实践，学习他，研究他，超越他。其实，从严格意义上说，我从来没把魏书生老师奉为"神"。我和他真实的关系是——"从偶像到师长，从师长到朋友"，或者如我前天赠书签名时所写："亦师亦友亦兄。"

2021年9月22日

比容貌更美丽的,是她的教育

一

她本来完全可以不搞教育的,至少在我看来如此。

比如,她可以去做平面模特,经常出现于杂志封面、报刊彩页、商品海报、产品画册、精美挂历;或者,她也可以凭自己的语言天赋当电台或电视台主持人,都会很棒;我说她有语言天赋可不是乱说,她擅长模仿各类方言,足以乱真,且令人捧腹,如果她去当小品演员,完全可能红遍大江南北,至少赚个"巴蜀笑星"的名头是没问题的。

但她偏偏做了教师,而且做得非常棒!19岁入职,不到28岁的她便被评为四川省特级教师;又过了几年,直接越过中层干部当上副校长;三年之后,成为百年名校成都市实验小学的校长。

她如此耀眼,在网络时代,完全可以凭着自己的自然条件走偶像派路线成为网红教师(校长)。然而,她却十分低调。我曾经请她到我工作站来为年轻老师讲她的成长经历,后来我想把她那次十分精彩的演讲实录收入一本专著时,她坚决不同意,觉得自己没有"资格"和流沙河、杨东平、程红兵、吴正宪等其他演讲者相提并论，我只好作罢。这次我打算写她，她也很不情愿，我试图说服她理解我"并不是写你一个人，而是要倡导一种教育"。后来她虽然没有明确同意，但也没有表现出"宁死不屈"的反对，我就当她默认了。

估计熟悉成都基础教育界的读者可能已经猜到我说的是谁了，是的，她是陆枋。

二

初识陆枋在1999年。那年四川省教育厅教育报刊社组织的"名师送教"活动，我忝列"名师"，与陆枋同行。那次我和她交往不多，谈不上有深入的了解，但她在课堂上所展现出的高超的驾驭水平和出色的语言表达能力，让我佩服不已。而当时她是我们这一行"名师"中最年轻的一位。对了，她还有点小幽默。记得她说她"听说"（其实完全可能是她自己的原创）："哎呀，我们去县里送教，有些老百姓听说是成都来的名师，纷纷叹息：'我们这里的民师（民办教师）早就转正了，咋个成都还有民师呢？'"

第二年年初，成都市教育局组织一批老师去欧洲考察，我再次与陆枋同行。这次对她更了解了。在我保存的"欧游日记"中对她有这样一些调侃式的记载——

> 陆枋的长相有点像一个外国著名的残疾人，就是双臂断了被做成石膏像的那位女士。在这一行人中，陆枋算是我的老朋友了。她课上得特别好，到处被"示范"。这次我充分领教了她的幽默感和语言模仿能力。我一直认为她颇有语言天赋，能说得一口标准的"中江表妹"话，模仿中江人说话，足以乱真，让人以为她是中江土著人。可是只要她模仿自贡话，你又会觉得她是土生土长的自贡人。然而，这次来欧洲，她的所有语言技巧均已失灵：面对欧洲大地的美景，她只能这样表述其观感："嗨呀，好像'明信片'哟！""哟！又是一张'明信片'！"想到几天来经历的一些

趣事和怪事，陆枋建议编一个"欧洲之旅十八怪"。大家纷纷献"怪"：比如"游客半夜在野外"，又如"中国军刀欧盟卖"，还有"一根红肠一盘菜""中餐居然不用筷"……她有一颗非常善良的心。那天在饭桌上大家谈起现在的贫困学生，陆枋喟叹不已，当即表示要救济一位贫困生。遗憾的是，我和她交谈不多，否则，我将从她那里学到很多。

三

一晃20多年过去了，我和陆枋的交往更多了。我俩同为四川省陶行知研究会副会长和成都市教育学会副会长，经常一起开会，或参加活动。她变化不大，依然那么优雅、低调而随和，闲聊中依然还有着小幽默，一点儿都没有"著名校长""著名特级教师""著名教育专家"的"气场"。然而，陆枋毕竟在一所百年名校做了十多年的校长，对教育的思考，以及这些思考所支配的行动给成都市实验小学带来的在继承基础上的发展，令人瞩目。尤其是陆枋在总结学校办学传统和文化积淀的基础上提出并践行的"小学校，大雅堂"的"雅教育"理念，开拓性地进行校园文化建设，让这所百年名校焕发出新的光彩，在全国都产生了较大的影响。

如果顺着我这个思路写下去，本文应该是一篇公文式的总结报告，这不是我的专长。我还是围绕"尊重学生"这个理念讲几个关于陆枋的小故事吧！

其实，"尊重学生"并非什么新鲜理念，更非陆枋独有。放眼中国，"一切为了孩子，为了孩子的一切，为了一切孩子"这几句话不知贴在了多少校园的墙上。所以要变着花样地玩弄文字游戏似的表达"尊重学生"这个理念，并非难事——现在各种意思相同的"新颖"的短语太多了，陆枋的可贵是没有将这一理念停留在"造句"上，而是变成了实实在在的行动。

并不是一走上讲台，陆枋就懂得如何尊重学生的。她当然真心爱学生，但爱不等于尊重。从爱走向尊重，陆枋有过一段影响她后来教育人生的经历。这些经历其实是由一些小事甚至细节构成的。

四

1985年9月，19岁的陆枋读完四年制中师后便以优异的成绩走上了成都市实验小学的讲台。当时，她仅仅凭着一颗纯真的教育心，努力上好每一堂课。为了备好课，她在家里特意放了一本教材，便于一有空便拿出来翻翻，琢磨琢磨。按说，这样精心备课，她的课应该没有什么问题了。确实也是如此，年纪轻轻的陆枋当时已经崭露头角，教室里随时都有听课的老师。经常走进教室，才发现后面坐着许多听课者。

但有一次陆枋的师父裘老师听了她的课，却给她指出了一个"致命"的细节。

本来那次陆枋对自己的课还暗暗满意，因为她觉得学生配合得很好。所谓"配合得很好"的标志，就是孩子们积极举手发言。因为举手的孩子多，陆枋就来不及一一叫名字，而是用手指一一点着孩子说："你来！""你来！""你来！"……下课后，孩子们出了教室，裘老师说："陆枋，你下来坐着，我来给你上课！"于是，她便学陆枋用手指点着孩子："你来！""你来！""你来"！然后她问陆枋："你是什么感觉？"陆枋一下子反应过来，被人用手指戳着叫"你来"，感觉的确不舒服。裘老师说："请你把手收回去，你认为你很尊重学生，你笑眯眯地这样点他们，但是你骨子里面却没有尊重，你就是缺乏教养！"听了这话，还是小姑娘的陆枋都快哭了。她问："那我该怎么做？"裘老师说："你把你的手心向上，然后对学生说，请你来……这就完全不一样了！也许你刚开始这样做不习惯，而且有些刻意，但这个动作就体现了你对学生的尊重。"这件事给陆枋留下太深的印象，她后来不但习惯了这个尊重学生的手势，而且后来当了校长，她还经常给年轻教师讲自己的这段经历。

这是一件小事，却让初出茅庐的陆枋明白了，尊重孩子不是理念，而是细节。从此，她开始随时提醒自己把孩子真正放在心里，凡事都要想想孩子的感受。

五

还有一次,陆枋和学校几位老师跟着苏文钰校长去重庆听课。那是一节语文课。结果听课的老师都很失望,因为那堂课的确不算好,很死板。听完课后,老师们就叽叽喳喳地议论:"这课太差了!""方法陈旧。""观念落后。""我们学校随便一个老师来上,都比她强。"……

年轻的陆枋也参与了议论,但她说了一句话:"我觉得那些娃娃好造孽(四川方言:可怜)哦!"她的意思是,如果老师的课上得不好的话,学生天天这样坐在教室里是很难熬的,会老盼着下课。

虽然当时陆枋只是凭着设身处地的感受,觉得娃娃们上这样的课"造孽",但这看似一句不经意的评论,却折射出已经在她内心深处朦胧生发的"儿童本位"观,只是当时她并没有清晰地意识到这一点。她需要一个高人来将她的内心点燃,把朦胧的感觉变成清晰的理念。

很快,这位高人出现了。回到学校后,苏文钰校长在大会上讲这次重庆之行的听课情况,说:"那天那么多老师评论那堂课,只有陆枋的一句话与众不同,因为她是站在孩子的角度感受那堂课!我们听一堂课,不能只是站在旁观者的角度去评价,甚至也不能仅仅站在教师的角度去评价。这样评价,你是永远没有站在学生的角度去考虑。陆枋老师能站在学生的角度去看待这节课,说明她心中装的是学生。你上课,不是上给听课的人看的,你这堂课上得好不好,如果只是听课的人评价好,那不一定,学生听你的课觉得很幸福快乐,他参与其中,已经忘了旁边还有另外的人,这才是最高的境界。"

后来,陆枋坦承:"苏校长的话让我有很多感悟,这句话就是'点睛'的。我当时说那句话是没有意识的,但苏校长可能就觉得我骨子里有些东西是可以挖掘的。也就是苏校长对我的这句表扬,让我从无意识到有意识地认识到了:我为什么而教?我怎么样才算一个好老师?那就是,我的学生喜欢我的课，他在我的课堂上是有成长的，是有发展的，是快乐的，是自由的，那就是好的。"

六

一个手势和一句话，就是这点点滴滴的感悟，让陆枋越来越坚定了一个信念：学生永远是第一位的。教师要永远为学生！她说："为学生也就是为我们自己。学生快乐成长了，我们也会快乐。学生爱你了，你的职业尊严、职业价值就全部都有了。"

孩子坐在教室里听老师枯燥地讲课，陆枋觉得他们"好造孽哦"；那如果孩子们听领导讲他们听不懂的话，是不是更"造孽"呢？同样是基于"儿童第一"的理念，陆枋当了校长后，除一些特殊情况，她在学校搞活动，一般都不请领导。她说："我并不是不尊重领导，而是领导来了要讲话，孩子们却听不懂，站在下面很难受的。"我不知道有多少校长能够这样把孩子看得比领导重要，我却知道有太多的校长为了领导而丝毫不考虑孩子的感受。这一对比，陆枋实在是令我无比敬佩。

但当年年轻的陆枋并没有想到日后她会当校长，那时她心里琢磨的就是怎么把每一堂课上好。不断地琢磨，不断地实践……陆枋的课越上越好，"好"的标志首先是学生越来越喜欢陆老师的课。当然，还有一个次要的标志，就是前面我所说的，不到28岁的陆枋被评为四川省最年轻的特级教师。这个破格的低龄记录至今没有打破——估计以后也很难打破。

多年后，回顾自己的成长经历，陆枋对年轻老师说："我们的课堂设计，不要只考虑我讲得多精彩，而要考虑孩子们学得是不是很精彩。"

"要考虑孩子们"这一句朴素的话毫无"诗意"，却成了陆枋后来从教师到校长、从教学到管理、从教室到校园一直遵循的原则。

七

还是说几件陆枋当校长时的小事——

有一段时间,陆枋发现孩子们把学校教学楼楼梯的不锈钢扶手当滑梯。扶手虽然漂亮,却有安全隐患——不锈钢非常光滑,而且扶手刚好是靠右的下行方向。不少孩子下楼时喜欢把扶手当滑梯骑在上面往下滑,这多危险啊!

怎么办呢?陆枋想到了征求孩子们的意见,她说她最初没太寄希望于孩子们一定能够想出什么好主意,但通过征集建议,可以对孩子们进行关于安全方面的引导和教育。结果,令人惊喜的是,还真有孩子提了一个建议:上下楼时,将通常的"靠右行"的规则改为"靠左行"。仔细想,这还真就解决问题了,因为学生下行是靠左,就不会把扶手当滑梯了。

当陆枋决定采纳这个孩子的建议时,却听到了一些不同意见:"规则是用来遵守的,行人靠右是公共规则,怎么能随便改呢?""学生在校是靠左行,到了大街上却靠右行,这让会让他们产生思想混乱,无所适从。"

陆枋则说:"所有的规矩都是为人服务的,只要程序合法,就可以改变,任何权威都是可以挑战的,任何规则都是可以修改的,孩子根据我们学校的实际情况,对'靠右行'的规则提出挑战和修改,这种精神应该鼓励。任何规则本来就不是可以走遍天下都适用的,都是与特定环境相适应的,比如英联邦国家的规则就是靠左行。我们就是要让孩子们在未来适应可能出现的种种变化和变革。何况,学生通过合法程序,提出了这个合理建议,我们没有理由不采纳。"

于是,学校接受了孩子的建议,将上下楼的规则由过去的"靠右行"改为"靠左行"。

在陆枋那里,只要把孩子真正放在心上,没有什么是不可以改变的,一切都好办。

八

注意,这里的"孩子"是"为了一切孩子"这句话里面的"一切孩子"。我这样说,是因为我心里装着陆枋的另一个故事。

国务院原总理李鹏小时候曾经在成都市实验小学读过书。20世纪80年代,他重返母校,不但看望了当年教过他的老师,而且还为母校题写了校名"成都市实验小学"。可以这样说,这样的题词在大多数学校会被非常显赫地镶嵌在学校最耀眼的位置——最好是当街的一面。尤其是总理题写的校名,镌刻在学校大门口那更是顺理成章,理所当然。

然而,30多年来,从老校长苏文钰开始,李鹏总理题写的校名就没有镌刻在校门上,而是一直低调地挂在校园一隅。陆枋任校长后也是如此。曾有很多人问陆枋:"为什么不把它镶嵌在学校大门上,而放在里面呢?"

陆枋回答说:"从老校长开始,我们就是这样做的。在我们看来,成都市实验小学的每一个孩子只要善良正直,只要用自己的方式为社会作出贡献,每个人的贡献可能有大有小,但他们都是我们的骄傲,我们对他们的尊重都是平等的。李鹏当然也是我们的骄傲,但我们不愿意刻意突出他一个人。如果把李鹏写的校名挂在外面,无非就是宣传我们培养了李鹏。但是,怎么能说李鹏是我们'培养'的呢?李鹏之所以能够成为总理,有很多因素,他曾经在我们这里读过小学,但这不是他成为总理的唯一因素。近百年来,从我们学校毕业了那么多学生,李鹏只是千千万万同样令我们骄傲的校友中的一个政治家的代表。我们当然为这样的校友感到自豪,但我们不用刻意宣传他,而是把他的题词放在里面,让孩子们为有这样的校友感到骄傲。这是对自己的激励。仅此而已。"

我突然想到许多学校爱对新生说的一句话:"今天你因学校而荣,明天学校因你而荣!"可实际上,真的到了"明天",有的学校往往只因那些"杰出校友"而"荣"。成都市实验小学对待李鹏题词的态度和做法,让我想起了著名特级教师霍懋征的一句话:"每个孩子都是我的骄傲!"

九

位于闹市区的成都市实验小学有两个校门,最靠街边的是一校门,进了一校门往里走50米便是二校门,两个校门的通道是一个长廊。从很多年前起,这个通道两边的墙上就布满了爬山虎,墙边种了很多树,整个通道就是一个绿荫长廊。前些年,各个学校都在进行校园显性文化的改造。曾经有意见把这条长廊两边的树砍掉,把长廊扩宽,这样显得更气派。

陆枋立刻习惯性地想到了孩子的感受。她想到以前当班主任的时候,许多孩子写作文都写了关于这个长廊的回忆,比如"一进校门,两边就是绿油油的爬山虎",比如"一放学走出来,便看见爸爸妈妈在长廊前等我放学"……刚好当时陆枋的一个学生从国外留学回来看她,因为这孩子曾经在同济大学学过建筑,陆枋便问他对长廊的改建有什么想法、建议。这个学生说:"千万别改建!我和您联系上后,一想到要回学校看您,脑子里满是小时候学校的模样。我还害怕我认不出学校了,因为回成都后发现成都变化太大了,许多街道变宽了,都不认识了。但是,当走进校门的通道,走进这长廊,我就觉得我回到了童年!我觉得我的童年在这里等我。有了这个通道,我永远都有关于童年的回忆。"

孩子的话更坚定了陆枋不改造通道的决心,就让这绿色的长廊把喧嚣隔在外面,作为历届学生童年记忆的载体留在学校,让孩子们的童年永远在这里等待着每一个孩子的到来。后来,许多毕业后的孩子走进校门,都说"像走进了童年的时光隧道"。他们兴奋地把母校原汁原味的绿色通道照片发在朋友圈里后,陆枋收到许多学生的反馈:"谢谢陆老师给我们留下一点母校的念想!"

陆枋从孩子们的这些感受中认识到,人为贴上一些文化符号的墙,其实没什么"文化"可言,而积淀着孩子们记忆的绿色长廊,才是最具儿童视角、儿童趣味和儿童情感的"文化墙"。

而在我看来，校园里再多的口号、题词、雕塑……如果没有了孩子的气息，就毫无"文化"可言！

十

目前，陆枋正在天府新区创办一所全新的小学。可以想象，更美的教育风景将继续在她手中徐徐展开。

可是，我很奇怪，20多岁就成为特级教师、30岁出头就出任名校校长的陆枋，居然至今没有"梳理""提炼""升华"出属于她自己的"理论"，至少也应该有那么一两句在全国"叫得响"的"教育名言"嘛，比如"让每一个孩子的生命像花儿一样自由舒展地绽放"之类的，但陆枋没有，一句也没有。她也没有"首创"出"四大原则""六大理念""五步循环教学法""54321育人目标""PRC创新发展模式"之类的理念。她说："教育其实很朴实，哪有那么多的新花样！现在有些人号称的'新理念''新模式'，其实在我们的教育先贤那里，早就说得很清楚了。"

陆枋所做的、所说的，看上去似乎毫无"新意"，但她用几十年的情感和智慧写成的厚厚的教育史册的每一页上都写着两个大字："孩子"。

2021年6月23—27日
零敲碎打而成

她是一位可以称作"先生"的人
——怀念朱小蔓老师

昨天下午得知朱小蔓老师去世的消息，我并不感到突然。因为我知道她近年来身体状况越来越差，朋友们都很担心，甚至还出现过一次"误传"。去年我去南京想看她，给她发微信，她回我："视频见见，可以吗？"这几个字让我意识到，她可能状况不好。我无法想象朱老师为了视频相见而抱着病体整装的样子，哪怕是简单的梳妆，我觉得对一个病重者来说，也是一种折磨。于是，我说："不忍给您添麻烦，下次您方便时我再去看您。朱老师保重！"

今年以来几次听朋友说"朱老师已经非常不好"。六月中旬我去南京，给她发微信问候她，这次她没回复我。我知道朱老师涵养非常好，如果不是非常特殊的情况，她不可能不回复的，所以当时我就预感情况不妙。我只好在心里默默祝福她再次创造生命的奇迹——实际上，朱老师十多年来，因为乳腺癌和肺癌两次做手术，后来都恢复得很好，身体状况和精神状态都超出了我们的想象。我相信，这次朱老师一定也能化险为夷。

但是，这次朱老师没有给所有惦记她的人以惊喜和欣慰。我给她的最后一条微信，永远也等不来回复了。

其实，我和朱小蔓老师的接触并不多，更多的是从她的文章和著作中了解她。作为北京师范大学教授和博士生导师、中国陶行知研究会会长、中央教科所所长、俄罗斯教育科学院外籍院士，她在教育哲学、道德教育哲学、情感教育、生命教育、教师教育等方面的学术思想和研究成果，已经被中国教育界公认。但说实话，一个担任过中央教科所所长的著名学者能够有这么多的学术成果，并不让人特别惊讶。朱老师让我感慨并感动的，是她善良的为人与她的专业研究融为一体。我曾经不止一次对朋友说："朱小蔓老师是搞道德教育的，她本人就是高尚道德的化身。"几乎所有见过她的人，都不能不被她的美丽、温和、善良和博学所感染。

记不得第一次见朱老师是在什么时候、什么地方，能记得的是每次见面，她总是那么热情，那么温润，眼神总是那么专注，笑容一直那么真诚，声音永远那么亲切。她总能让我感觉到，自己是她心目中最重要的人，是她此刻最关注的人。我坚信，所有接触过她的人都有这种感觉。这绝不是她的"处世技巧"，而是她善良本性的自然流露，是她发自内心对每一个人的尊重。

但朱小蔓老师也敢于直言，因为她同时又是一名正直的学者。朱老师对当代中国教育中某些弊端的尖锐批评是鞭辟入里的。比如，对于种种形式主义的所谓"德育"，她指出，德育不能脱离学生的生活而孤立地实施，就像盐不能单独食用一样，所以德育重在渗透，重在润物细无声。她特别反对"德育知识化"，而主张德育要回归生活，提出"德育生活化"。

她提出的"德育生活化"就是要搞真实的德育，也就是陶行知先生所倡导的"真教育"。2009年清明那天，身为中国陶行知研究会会长的朱小蔓老师，带领我们前往陶行知先生的墓地凭吊。我们向先生敬献花篮，然后在墓地前肃立。朱小蔓老师代表我们一行人，向先生致辞。朱老师声音舒缓低沉，饱含真情地追述了陶行知先生为改造中国而从事教育改革所作出的巨大贡献，表达了对先生的缅怀之情。

她致辞结束后，我们集体面对先生的墓三鞠躬，随后缓缓地环绕先生的坟墓走了一圈。我们走得很慢、很轻，生怕惊醒了沉睡了60多年的先生。

我在先生的墓碑前留影，又和朱小蔓老师合影。她感慨地对我说："去年我们一起在苏霍姆林斯基的墓地，今年我们又来到陶行知的墓前。这里太冷清了，中国所有的教师，都应该来这里纪念陶行知先生！"

她说的"去年我们一起在苏霍姆林斯基的墓地"，指的是几个月前的 2008 年 9 月下旬，我参加了以朱小蔓老师为团长的中国教师代表团前往乌克兰参加纪念苏霍姆林斯基 90 周年诞辰的纪念活动。

朱小蔓老师发言的题目是"苏霍姆林斯基教育思想对当代中国及未来国际全民教育的影响"。她阐述了苏霍姆林斯基教育思想在当代中国的传播与持续影响，论证了苏霍姆林斯基教育思想是国际全民教育进程中的不熄灯塔。最后她说——如此看来，苏霍姆林斯基的确是一位伟大的思想先锋、思想的超前者、卓越实践的创造者，对他的思想和实践的诠释在当今时代依然有巨大的张力，依然具有无穷的魅力。

她的演讲赢得热烈的掌声。我第一次感受到，原来朱老师对苏霍姆林斯基的学习和研究如此精深。但我认为这首先不是因为她是中央教科所所长，而是因为她下来后对我说的一句话："只要真正热爱教育，必然就会热爱苏霍姆林斯基。"

然后，我们参观了苏霍姆林斯基任 22 年校长的帕夫雷什中学，走进他的书房，前往他的墓地……在这一过程中，我有幸为朱小蔓老师抓拍了许多照片。

当时她已经因乳腺癌做过手术，但从她的身上丝毫看不出病态，相反，她的热情活力总是感染着我们。

晚上，我们参加乌克兰方面举行的一个晚宴。在欢快热烈的气氛中，我们中国代表团一行人集体为大家演唱了几首中国歌曲：《我的祖国》《茉莉花》《我和你》……朱小蔓老师完全像年轻人一样，和大家一起高歌，尤其是唱《茉莉花》的时候，也许这刚好是她家乡的民歌，所以声音格外悦耳。唱完之后，大家载歌载舞，激情狂欢。

比起杨瑞清、李庆明等朋友，我并不是朱小蔓的访问学者或在编学生，但她一直很关心我。我出任武侯实验中学校长后，她曾表示想到我的学校来看看。因为她当时担任着联合国教科文组织国际农村教育研究与培训中心主任的职务，她说她从温家宝总理的批示上知道我在武侯实验中学搞平民教育，想来"调研一下"。我当然非常欢迎。遗憾的是，由于身体的原因，她一直未能成行。

2012年4月，北京《班主任》杂志举行了一个"李镇西从教30周年学术研讨会"，朱小蔓老师应邀出席，并作了题为"孩子和学校教育需要什么样的班主任？——李镇西成长的奥秘"的演讲。她说——

> 李镇西的教师角色是多重的：学科教师、班主任、学校校长。但我知道他一直喜欢做班主任，从1982年大学毕业做班主任，带出几届"未来班"，到2008年又一次当起班主任。他把班主任工作当作实现自己教育理想、练就教育"基本功"，不敢也不愿轻易放弃的阵地。我欣赏和钦佩他有耐心，不嫌弃、不逃避这份平凡、琐细且十分辛苦、磨人的工作。
>
> 考察他30年教师工作历程，我深信不疑：正是坚持做班主任，使他了解孩子的需要和状况，并以此为起点，向深入理解教育的真谛、探寻教育的奥秘进发，创造了一个与时代、与共和国改革开放事业一道前进的中小学校班主任工作的丰富而典型的案例。他也正是从贴近教育的真实处敏锐发现现行教育的种种弊端及变革需求，正直批判不良教育，坚守自己的教育立场，从而做到身在小课室，心忧大教育，成为一位真正的教师。

听了她热情洋溢甚至激情澎湃的演讲，我惊讶于她对我的了解和理解。她以我为个案对班主任成长规律进行研究，希望能够给更多成长中的年轻教师以启迪与引领。

演讲最后，她提到了我们共同敬仰的苏霍姆林斯基——

> 镇西特别崇拜大教育家苏霍姆林斯基，我俩有幸一起出席苏霍姆林斯基90周年诞辰纪念，一起考察帕夫雷什中学。他特别欣赏苏霍姆林斯

基的一段话:"如果主要教育者只是教育别人怎样教育而不直接接触孩子,他就不再是一个教育者了。"所以他总提醒自己不要疏远教学而"行政化"起来,过去善于感动的心,变得不那么敏感。他提醒自己不能只想那些诸如"发展模式""社会品牌""打造名校"等大念头,而忽略了每天在校园里所见到的一个一个具体的孩子。镇西的语文课也教得好,他做班主任、做校长的才华、魅力与他的语文教学水平高、人文素养好有关。他的教育家成长之路完完全全根基于、得益于他的班主任工作,得益于永远和孩子在一起。

30年来,李镇西怀抱理想和激情在他可以有所作为的小环境里创造了一个又一个通向更好的教育的可能,归结起来就是,教育者的民主精神、人道主义情怀,直接接触学生与教师,一步一个脚印,扎实行走,不辱使命。这雄辩地证明,教师的道德成长、专业成长只能在职场,教师的幸福源泉在学生。这是总结李镇西老师的成长经验再一次给我们的重要启发。

我完全能够感受到朱老师说这些话的真诚,但同样清醒地明白,演讲中许多过奖之词远远超出我本来的实际,她提携扶持后人从来都是满腔热情、不遗余力。我只能把这些让我脸红的话当作朱老师对我的勉励。但"教师的幸福源泉在学生"这句话让我感到,朱老师是理解我的。

我当时对自己说,一定不要辜负朱老师的期望啊!

近期,我写成一本《教育的100种可能》,里面全是我几十个学生几十年来的人生故事。我都想好了,8月下旬出版后一定要给朱老师寄去一本。可这本书现在寄不出去了。

我眼中的朱小蔓老师善良、真诚,是一个很纯正的人,同时学识渊博而谦虚亲切,这种内涵的芬芳很自然地从她的心灵深处散发出来,她的言谈举止便有了一种非常迷人的气质与风度。

前段时间,我读了一本谈20世纪中国文化大师的书后写下评论:"当代中国，只有教授，没有先生。"

  因为当时写的时候想到当今许多所谓"专家""教授""学者"的丑行，所以把话说得有些极端和绝对，现在看来，这话的确有些偏激。我想略作更正——

  当代中国，能被称为"先生"的学者教授不算太多，但的确有，比如朱小蔓老师。

2020 年 8 月 11 日

浩然之气扑面而来
——梁晓声先生印象

2019年,新教育年会在姜堰举行。赴会前,我看日程安排中的特邀嘉宾有"梁晓声"三个字,怦然心动。于是,匆匆从书架上抽了一本他20多年前的旧作《九五随想录》塞进行李箱,准备在会场上请梁晓声先生签个名。

我想,稍微爱好文学的人,都应该熟悉梁晓声这个名字。可以说,他几乎是"知青文学"的代名词。《这是一片神奇的土地》《今夜有暴风雨》《雪城》……当然,还有《一个红卫兵的自白》,记录了一代中国青年的命运。

但对我来说,印象最深的是他写自己经历的纪实文学《从复旦到北影》和《京华闻见录》,我曾给我的学生全文朗读过这两部作品。透过那些掷地有声的文字,我能感受到他火热的心肠和正直的情怀。在20世纪80年代,梁晓声作品所洋溢的英雄主义气息,极大地感染了我和我的学生。

后来他几乎出一本书我买一本书,比如那本《九五随想录》就是我1996年买的。如果只读他的文字,会感到梁晓声是一个怒目金刚式的人。但这次在姜堰见了他,第一印象却是谦卑而温和。

年会开幕的前一天是中美人文教育高峰论坛。我走进会场,一下就认出了坐在第一排的梁晓声先生。我拿着他的书走过去,说:"梁老师,我是您的读者,您能给我在您这本书上签个名吗?"

他非常亲切自然地说:"没问题!"于是掏出笔很认真地在扉页上写下"梁晓声"三个字,然后继续写"2019年7月12日于北京"。刚写完"北京"二字,他恍然大悟:"哟,写错了,这是在泰州啊!呵呵!"我又拿出一个信封,说:"我有一个搞收藏的朋友,想请您为他在这个信封上签个名,好吗?"梁老师认真地在信封上写下自己的签名。

说话间,论坛开始了。作为主持人,我赶紧站到了台上。今年的中美论坛,我们邀请了来自美国的三位教授和中国的学者就人文教育展开交流。在点评时,我说:"我有一个或许是比较肤浅的认识——教育,从根本上说,它本身就是人文的。可以说,没有人文,就没有教育,或者就不叫'教育'。"

梁晓声先生是最后一个演讲者。他谈了他对人文精神和人文教育的理解。他肯定了我的那个观点:"教育本来就是人文的。"

我曾经听朋友说:"梁晓声的演讲不如他的文字精彩。"可我听了他的演讲,感到他的演讲和他的文字一样精彩。

下面我选摘几段——

科学能够解决人在现实中可以怎样,而人文二字永远不倦地提醒人在现实中应该是怎样的。"人在现实中应该是怎么样的",是人文永远的主题。

像毛虫化蝶一样,人类用了几千年的时间,人性也不过进化到了现在的文明程度;若反过来,估计只需一百年就会退化为地球上最凶残的动物,比地球上一切恐怖的掠食动物都凶残。回望人类的历史,人类对人类造成的苦难远远多于自然灾害,人类施加于人类的恶行真是罄竹难书。

我们今天谈人文教育,谈新教育,我个人认为,与20多年来我们对于中国社会所感到的道德滑坡或者说道德爬坡的忧虑是有关系的,也是对应试教育的对冲。

全世界自从有了学校,应试教育从来就是教育的一部分,但应仅仅是一部分，是过程，不是目的。在中国，最近几十年内，应试教育几乎成了目的。这也就是为什么新教育要反复强调人文教育、素质教育，以形成一种对冲的初衷。

美好的心灵是怎么产生的呢？我记住了这样一句话："在薄情的世界，深情地活着。"我很为这句话感动。"深情地活着"之"深情"可能与爱情有关，但不仅仅限于爱情。今日之中国是不是最糟糕的中国呢？我的回答当然是"不是"，今日之中国肯定是中国历史上最好的一个时期，即使存在着这样或那样的问题。今日之世界是不是人类历史上最糟糕的世界呢？我们回顾历史，从前的世界才叫"糟糕"。正因为从前糟糕的世界，曾经有人深情而坚忍地守望着人类的那些信仰，因为有了他们，中国和世界才进步到如今的状态。所以我们也要深情地活着，深情地尽好我们教育工作者的本分。

……

我在给小学四五年级学生讲课的时候，我说我们把古诗用电影语言分镜头表达怎么样？孩子们很高兴。"八月秋高风怒号"是远景，"卷我屋上三重茅"是近景，也只有中国的唐诗才有这么丰富的电影语言。又比如，"两个黄鹂鸣翠柳"这是中景，"一行白鹭上青天"极有动感。我们如果把课文这样进行解读的话，至少在兴趣上，能给孩子们一种代入感。教学方法的创新也是人文教育的重要一环。

倡导和实践推行人文教育的新教育，不可能是立竿见影的，30年以后见到些成果就不错了。目前取得的一切成果，也要经受社会的检验。标准也只有一个，30年后，看中国具有人文素质的人口多了还是少了。多了，证明我们今天所做无怨无悔，值得我们欣慰。如果并没有增多，那也不能证明我们做的没有意义，只能说明我们还是太弱势了，社会太强大了。

……

他的演讲赢得共鸣，会场激起了热烈的掌声。

但其实他在饭桌上的聊天，更有滋味。还有饭后他请我到他的房间里聊天，谈中国，谈社会，谈理想，谈现实，谈中国的老百姓，谈中国的知识分子……我们都忧心忡忡，叹息不已。但相比之下，他还是比我乐观，他对中国未来的进步还是有信心的。

接下来的新教育年会上，坐在前排的梁晓声先生一直认真地听着老师们讲述新教育故事。他被新教育老师们深深地感动了。他高度评价新教育实验，说："不知我这个理解对不对，新教育实验最大的意义，是让老师们把教育当成了一件很有意义的事，也是自己感兴趣的事，激发出了内在的激情，不再仅仅是谋生的职业，而是一种研究，一种乐趣，一种享受。"我说："正是如此。新教育让老师们的教育不但很有意义，而且很有意思，也很有情趣。"

在先生演讲时，我为他抓拍了许多照片，还算生动。他也很喜欢。

和先生相处了两天，他见到我时总是亲切地称呼"亲爱的同志"，后来我才知道这是他的口头禅，用来称呼他喜欢的朋友。他给我留手机号，我说加个微信吧，他说："我不上微信，也没有微信。"他也没有博客、微博。

这有点让我吃惊，因为进入互联网时代后，他的许多文章我恰恰是在网上读到的，没想到梁晓声先生很少上网。

他文章中曾有一段关于"什么是文化"的话——或许是他的原创，或许是他引用的，这段话非常凝练精辟，因而在网上流传甚广，不断在微信朋友圈被引用——根植于内心的修养，无需提醒的自觉，以约束为前提的自由，为别人着想的善良。

而短短两天的接触，我深深感到，这四句话正是对梁晓声先生自己的准确写照。

2019年7月14日

双重邂逅的美妙重叠

一

2020年11月23日，是流沙河先生逝世一周年的日子，我应邀来到杜甫草堂参加流沙河先生的追思会。

参会者大多是成都市德高望重的文化人，不少人我久闻其名，却第一次亲见。当主持人介绍到"著名诗人、《星星》诗刊前主编杨牧"时，我心里"咯噔"了一下。

杨牧这个名字，勾起了我大学时代的回忆。我至今记得，我曾在图书馆从《新疆文学》上抄写《我是青年》，然后回到寝室独自反复朗诵，读得热血沸腾。如今我已经年过六旬，依然零星记得一些句子："我是鹰——云中有志！我是马——背上有鞍！我是骨——骨中有钙！我是汗——汗中有盐！"应该说，在大学时代，杨牧的诗是和北岛、舒婷、顾城等人的诗一起走进我的视野的。相比起北岛等人的朦胧诗，杨牧的诗我读得并不多，但他的自传《天狼星下》可以说让我震撼。当时我就想，如果能见见这位富有传奇色彩的诗人多好。但参加工作后，我逐步由一个文学青年变成了专业的教育者，订阅多年的

《诗刊》《星星》也渐渐被《中学语文教学》《读书》《随笔》等取代。但杨牧的名字一直镶嵌在我青春的记忆中。

没想到，40年后，因流沙河先生，我在这里邂逅了青春偶像。当然，我和他都已不再年轻，但看着他并不显苍老的面容，我又油然想起他的《我是青年》。

说实话，这种场合我有些自卑，个个都是我敬仰的学问家，我只想听听各位大家的发言，所以我没想说什么。但会议快结束时，主持人谭楷先生和流沙河的夫人吴茂华老师点名让我也"讲几句"，我只好站起来即兴说了三分钟。我主要是谈自己对流沙河先生为人的敬佩，讲了两件小事，说明他的和蔼平易，他的谦卑恭谨。我特别说："这样的君子风范，如今在中青年一代的学者中已经不多了。"

二

我发言完毕刚坐下，一位女士来到我身边，说："李老师，终于见到您了！我叫杨枫。"

我有一些诧异，因为我并不认识她。她说："我高一时，还给您写过信呢！"

啊，高一？我更疑惑了。

她继续说："那大概是1984、1985年，我从《中国青年报》上看到您和您所带班的感人故事，很激动，忍不住给您写了一封信，您还回复我了呢！我当时是新疆石河子一中的学生，那时候我就追两颗星，一个是您，一个是张海迪！"

猝不及防地听到她把我的名字与张海迪相提并论，那一瞬间，我甚至本能地想捂住她的嘴巴不许她说。但我相信她的真诚，在她高一的时候就是那么认为的，就像我小时候最佩服的人是毛主席和我的语文老师一样。

因为还在开会，不便多聊，我俩互相加了联系方式，她便离开了。

但我的思绪却回到了20世纪80年代。我想，杨枫给我写信时，我工作才两三年，那时候的我，对教育除了激情一无所有。但仅仅是源于理想的激情，再加上一点点小聪明，我就把我的第一个班带得有声有色、有滋有味，《中国青年报》都报道了相关的事迹。

后来，我陆续在报上发表了一些文章，于是收到了全国各地中学生的来信，我都一一回复。因为这些通信，我青年时代的教育视野很快扩展到了全国四面八方，绝大多数通信者至今没见过面，许多人也渐渐失去联系了，但那些文字却沉积在我的记忆中，成为我教育生活的另一种温馨。杨枫就是其中的一位，只是我早已忘记了，而她还记着，并且今天居然在这里邂逅。

有意思，今天，我邂逅了我年轻时的偶像杨牧，而杨枫又邂逅了她中学时代的"偶像"李镇西。这双重"邂逅"都发生在我的身上，无比美妙。

追思会结束了，我们走出草堂书院来到杜甫草堂南门拍合影。

这时我又见到杨枫，她兴奋地说："李老师，我们拍张照片吧！"我欣然应允。可是请谁给我们拍呢？她说："我请我爸来拍。"于是，她对着不远处一位长者的背影叫道："爸，快过来帮个忙！"长者转过身，我一看正是杨牧。大概看见我惊讶的表情，杨枫对我说："这是我父亲。"

啊？原来杨枫是杨牧的女儿！我再次感到惊讶。

杨牧老师微笑着，拿着我的手机很认真地给我和他女儿拍了一张合影。

那份平易、淡然与从容，一点儿看不出25年新疆生活的痕迹，完全就是一位慈祥和蔼的平凡长者。

我却有些激动地握住杨牧老师的手："我是77级大学生，当年我被您的诗深深打动过！"

他依然和蔼地笑着，微微点头。

杨枫又为我和他父亲拍了合影。40年的梦想今天终于成真！

回去的路上，想到今天与杨牧父女的意外相识，觉得太不可思议了，竟然有这么巧的事——双重"邂逅"已经很美好，现在这两重"邂逅"又重叠在一起，真是妙不可言！

而且，我本以为我邂逅杨牧和杨枫邂逅我，都是因我而发生，后来才明白，这两重邂逅的"中枢"是杨牧。哈哈！越想越有意思！

三

当年杨枫具体是因什么事儿给我写信，我又给她回信写了什么，我有些好奇了。因为这最能体现我 20 多岁时的理想与热情，已经退休的我，想"研究"一下年轻时的我。

晚上，我拨通了杨枫的电话，请杨枫谈谈当时的情景。

杨枫在电话里说："我们老家是四川渠县的，我爸爸 1964 年来到新疆，所以我是在新疆出生、新疆长大。我就读的石河子一中是一个校风特别正的学校，它是整个石河子农八师的重点高中。我特别感激我的母校，感谢我的老师、我的同学，我人生的信仰其实就是那个时候建立起来的。"

我说："可以想象，你当时一定是个品学兼优的学生！这样的学生我教过很多。"

"是的，是的。"她很大方地承认，"我高中时的确是一个品学兼优的学生。我是班长，还是学校团委副书记，团委书记是我的数学老师。而且，我在高中时就获得了'三八红旗手'称号。"

"啊，你确实很优秀！"我由衷地说。

她继续回忆说："应该是高一的时候，大概就是 1985 年的样子，我印象非常深，中国那会儿对越自卫反击战后的边境冲突还没结束，我们老师每周班会都会组织我们学习报纸上面的相关文章，然后号召同学们给那些英雄写信。那时，《中国青年报》是我们班上争相传阅的报纸，一个特别偶然的机会，我从报上读到关于您的文章，那个时候我就追两个星嘛，一个是张海迪，一个是李镇西。"

我不得不打断她："不能这样说，不能这样说。"

她却说："这一点儿都不假，因为我在你们身上，看到了一种为了自己的梦想而付出自己全部身心的精神，而且它是以爱为前提来付出的。当时这一点特别打动我。我记得当时我读到的关于你们班的报道是在《中国青年报》第二版，好像是一个整版甚至比一个整版还多的那样一个篇幅，很大的一个标题。"

一个整版？她说的是哪篇文章呢？她一边说，我也一边回忆："是不是写一个女生自杀？"

她说："不是，不是。文章内容就是说您怎么带班级，您怎么把您的班级带成了一个非常优秀的班级。我就是从那些故事中看到了我一直以来最喜欢的那种老师的形象啊！当时我是班长，于是在当周的班会上，我就带着大家一起学习那篇文章。然后，我就给您写一封信，代表我们全班向您表达我们对您的敬意……大概是这么一个意思。后来您很快就给我们写了回信，而且我印象当中您的字写得特别漂亮！收到您回信的那一天我特别骄傲，忍不住把您的信读给大家听。在您的回信中，还寄给我一份你们的班歌，还有乐谱，一直到前两年搬家，我收拾中学时代的旧物时又看到了那份歌单，我赶紧仔细地收藏好了！"

四

"哦，你是哪一年到成都的呢？"我问。

她说："1991年。来成都以后，我还偶尔会想，啊，离李镇西老师的乐山一中近了。"

"当时你还不知道我到成都了，是吧？"

"是的，不知道。我是后来看到报上对您的采访，才知道您也到成都了。后来又从媒体上知道您已经到了城郊一个农民工子弟学校当校长。那个学校好像叫武侯什么中学。那会儿没有微信也没有微博，哎呀，我就在想，怎么才能找到这个李老师呢，我一定要去拜访他一下……结果后来，工作越来越忙，就错过了。"

我说："是武侯实验中学，学生不完全是农民工子弟，大多数是当地失地农民的孩子，农民工子弟也很多。"

她继续说："其实我一直特别关注您的各种信息，包括在书店里看到您的书啊，您在哪里作讲座呀，等等。所以在追思会上，点名让您发言的时候，我特地在后排站起来看了您一眼，认了一下。您对我的影响真的很大，结果一直没有机会跟您相识，没想到今天竟然跟您出现在同一个会场，心里特别激动！"

"我也很激动！谢谢你，谢谢你！"我说，"你刚才的记忆是符合我当时的那种精神状态的。年轻时我也非常喜欢《中国青年报》，我读大学时是班上的团支部书记，当时《中国青年报》复刊以后，我就开始自费订阅，一直持续到20世纪90年代。我的身份也从读者变成了作者，还曾被《中国青年报》评为'金牌读者'。从20世纪80年代到前几年，我总共在上面发了几十篇文章吧。"

我又说："80年代，是一个理想主义高扬的时代。虽然你那时上高一，我那个时候已经工作，但都是年轻人嘛，充满理想与激情，向往美好。我刚才的回忆，代表我的青春。那时候我们都很纯真，所以虽然你是高一的学生，但我完全相信你，因为看到你，我就想到我。假如我高一时看到有这么一个老师，我也会给他写信的，因为都追求理想嘛！"

"是的，是的，的确如此。"她说。

"但你的记忆可能还是有些差错。"我说，"我估计你高一时读到的《中国青年报》关于我的文章，是报道未来班的，其实那篇很短，没有大半个版面。就两篇短文，都是说我们未来班的事。"

"啊，对对，就是未来班。我想起来了！"她说。

我说："嗯嗯，估计你把80年代读到的《中国青年报》上有关我文章的时间弄错了。80年代，我在《中国青年报》上发表了很多文章，比如有一次以很大的版面登了我的班级管理经验，还登过我的班级的一些故事。还有一次，我写了一篇可以说是重磅文章，通过一个高一女生的自杀剖析中国教育的弊端。说实话，其实我给你们写回信的那几年还比较单纯，就是你看到关于我的

第一篇报道的时候,我是非常单纯的,只有单纯的理想与热情。我曾经把它概括为我的'教育浪漫主义时代'。但后来我开始了对整个中国基础教育的反思。当然,这和 80 年代的风气有关,那真是'万类霜天竞自由',学术思想非常活泼,自由度很大。在这个背景下,我开始剖析中国教育。我写的那篇一个女生自杀的文章,题目就是《她给教育者留下了什么"遗产"?》,在《中国青年报》发表后,反响非常强烈。正是从那篇文章后,我开始思考中国教育的弊端有哪些,原因何在。后来,我又在《中国青年报》陆续发表了其他一些文章。总之,你说的读到那些关于我的内容都是真的,只是把具体的时间弄混了。"

"嗯嗯,很有可能!毕竟时间过那么久了。"她说。

五

我继续说:"80 年代一直到 90 年代,因为常在报上发表文章,我收到许多中学生朋友的来信,我也给他们回信。许多信并不是简单地谈理想呀、奋斗呀,而是中学生们向我诉说他们青春期的苦恼,于是我就开始研究中学生的心理,读了许多心理学的书,然后给许多素不相识的中学生回信。后来,我将这些信整理了 101 封,取名叫《青春期悄悄话——致青少年的 101 封信》,这是我出版的第一本著作。所以当年你给我写信、我给你回信这种类似的经历,在我几十年的人生中是很多的,后来这样的经历给了我太多美妙的回忆。"

她说:"我完全能够理解您。"

一聊到 80 年代,我们有太多共同的记忆。我提到电影《红衣少女》,她说到《高山下的花环》,我又说到柯云路的《新星》……

我说:"那时候我当班主任有个特点,就是每带一个班,都会给全班学生全文朗读一本长篇小说,一学期一本。参加工作带第一个班读的第一本小说是王蒙的《青春万岁》,再后来又读《红岩》《青春之歌》《钢铁是怎样炼成的》,还有《烈火金刚》……"

她说:"嗯,这些书我都读过。"

我说:"到了 90 年代,还给学生读《悲惨世界》。随着时间的推移,也许书中的具体内容我忘记了,但书中所蕴含的善良、正直、忠诚、气节……却一直沉淀下来,成了我精神的一部分。后来当了校长,我还给全校每个班的学生读短篇小说《一碗清汤荞麦面》。"

她说:"哦,前面您提到的书我都读过,但这个短篇小说我没读过。"

我说:"小说很短,主题是善良与坚强。还有一个译名叫《一碗阳春面》,网上可以搜索到。"

她说:"好的,我一定去找来读读。"

我说:"有人说我太投入,可我喜欢呀,教育就是我的爱好。曾经有记者说我把教育当'事业',甚至还有人说我把教育当'宗教',我说都不对,教育对于我来说就是个爱好。因为一直爱好,于是便有了许多美好等待着我。比如,一个人喜欢钓鱼,在钓鱼的过程中会有许多美好的事发生。每天去钓鱼的路上,会有美好的风景。钓鱼的时候,旁边也坐着一个陌生人,也在钓鱼,于是很自然地聊了起来,聊着聊着,成了很好的朋友。将来老了,回忆钓鱼的那个池塘,会有很多美好的回忆。我这几十年来也没刻意去追求什么,就是把教育当爱好,但是呢,无数美妙的回忆就构成了我的教育幸福。"

"是的,因为您一直在做自己喜欢的事呀。"她说。

我说:"我现在当然已经不是 80 年代那个充满激情的年轻人了,我对教育已经不只是有热情,还有痛心,甚至还有某种程度的悲观,但年轻时的教育情怀依然还在,而且依然很单纯。关键是我依然在行动,并没有停下探索。有一次在外边作报告,有老师说:'我们都觉得您说的这些很好,但现实不是这样的,您能改变世界吗?'我说:'我没想过改变世界,我只想这个世界不要改变我!'但恰恰就教育理想而言,我还怀揣着 80 年代的初心。我不奢望改变整个中国教育,但做一点算一点,尽量去做。所以我在博客上的签名是'一个悲观绝望的理想主义行动者'。"

六

她说:"是的,是的,只要始终永葆初心,就不会被外部环境轻易改变。时间太快,不知不觉想起给您写信的年岁,都过去 30 多年了!没想到我还有机会把报纸上的名字跟人对起来!中学时代是为未来打基础的一个阶段,一个人的人生观、世界观都是在那个阶段建立起来的。"

我说:"是的,中学时代对一个人太重要了!"

她说:"我因为从小生活在新疆农场,条件很艰苦,但幸运的是,我在每一个阶段遇到的老师都特别关照我、爱护我,以至于我很小就立下了当老师的志向。"

"你是一个很感恩的学生!"我说。

她说:"虽然后来没做老师而做了编辑,我也尽量在我的工作中去追求我的理想。正是年轻时心里种下了一颗爱的种子,让我有足够的能量去消化外面那些负面的、消极的东西,而且还能够看得长远,不功利。这也是我这么多年专注科幻文化领域的原因。我现在的公司八光分文化也是这样充满了理想和正能量。我当初从中国老牌的科幻期刊《科幻世界》杂志社离职的时候,很多人特别不解,问我:'你都已经是正高了,而且是《科幻世界》唯一一个正高,为什么还要去自己创业呢?'可我就是不甘心啊!总觉得我应该去做更多的事情,我应该去更宽广的平台上试一试,我到底还能够走多远?因为像李老师这样的榜样塑造了我,让我不知不觉成了一个理想主义的实践者,让我对生活永远保持一种好奇心。"

我说:"你确实很了不起的,能够一直保持当年的理想。"

她说:"我一路就是这样走过来的。回过头去看,每当看到在中学阶段曾深深影响过我的那些名字,包括您,还有张海迪——她在高位截瘫的情况下,还能够坚持学德语,学世界语,真的是身残志坚,我就觉得自己是个幸运儿。"

我说:"对的,那个年代是影响了我们一代人的。"

她继续说张海迪:"这么多年来,我一直关注她。我关注了她的微博很多年,她会发很多信息,但是后来老有些人诋毁攻击她,她后来就把微博关了。但是只要媒体上有她的新闻,我都会本能地点进去看一眼,我知道她还很好,很健康地活着,依然在做她喜欢的事情,我就会觉得我也有动力。"

我说:"关于张海迪,我和你的感受就是一样的,因为我教书的第二年,就是1983年,我从黑白电视上看到了她的演讲,很感动,很敬佩她。当然,官方对她的宣传包装可能有一些拔高,或者说有些过了,但我觉得张海迪本身的确是令人敬佩的,自强不息嘛,对不对?现在网上就是有一些喷子,喜欢乱喷。包括对雷锋,尽管不同的时代,雷锋被贴上了不同的标签,变来变去的,但这和雷锋本人没有关系。他本身是个好人,是一个善良的人,是一个喜欢帮助别人的人,这是不可否认的。对不对?"

七

她说:"对的,对的,我觉得李老师您对我最大的影响,就在于加深、强化了我对教师这个职业的高度认同。我始终认为当老师是一件特别神圣的事情,因为所有的孩子都是一张白纸,是老师帮他一起绘出了蓝图。其实在考大学的时候,第一志愿我真的很想填师范大学,因为我人生中的每一个阶段遇到的老师都给我留下了特别美好温暖的印象。在后来的很多年,我一直像追踪张海迪一样追踪您的名字,但凡在报纸上看到有您名字的新闻,我都会把它剪下来保存好,因为它会强化我对自己人生目标的追求。后来阴差阳错,我没有走到当教师那条路上。于是我就总在想,有一天如果有去课堂实践的机会,我一定要去尝试一下。"

我说:"我能理解你,你是很真诚的。"

她说:"我现在做的这个工作,确实还是会有很多进校园的机会,跟大学社团讲科幻文化呀,跟学生讲科幻写作啊。就在上一周,我还受邀到西南石油大学给喜欢科普科幻创作的同学进行'千人培训计划'讲课呢,我的题目是

'拥抱科幻之美,珍惜无用之用'。活动结束,四川省科普作协理事长吴显奎老师说:'这么多场活动办下来,大家都说杨老师的课是讲得最好的。'李老师您知道吗,老师是我永远无法实现的一个梦,所以凡有机会,我都要去实践一下。跟这些大学生讲课,我会不由自主地换位思考,站在他们的角度想问题,他们对什么感兴趣,他们最想听哪些内容……这样讲下来既能满足他们的需要,也能满足我个人的一点点私心。"

我问:"你大学的专业是什么?"

"汉语言文学。"她说。

我说:"就是中文系嘛!"

"啊,对的。"她说,"中文系毕业后,因为我爸爸早年做过编辑,我对编辑职业也有些了解,于是大学毕业回到成都也就做了编辑。在四川文艺出版社当了12年文学编辑后,又去《科幻世界》杂志当了12年科幻编辑,直到2016年创立自己的公司成都八光分文化……"

我说:"哎呀,不知道你还在四川文艺出版社工作过,我在四川少年儿童出版社、四川教育出版社、四川人民出版社都出版过书。对了,我本来想送你几本书,但家里没有了。我已经托出版社给你寄去我的《爱心与教育》和《教育的100种可能》。"

"谢谢,谢谢李老师!《爱心与教育》我买过最早的版本呢!"她说。

不知不觉聊了半个多小时。我说:"今天就聊到这里吧!书收到后,我们还可以继续聊。我刚才还在网上下单买了你父亲的《天狼星下》,书到了以后,还得请他签个名呢!"

她说:"好的,没问题,谢谢李老师!我特别高兴,终于联系上您了,见到您真是圆了我一个梦。"

八

20世纪80年代,一位新疆的中学生给我写信,一直到36年后的今天,续上了这美好的缘分，靠的是我们心中的理想。是的，我已由一个小伙子步入老年，当年还是一个小姑娘的杨枫现在也不再年轻，可是内心深处我们都还保持着当年的信念和热情。

今天的中国已经远离了 20 世纪 80 年代。几年前，我曾经在一篇《向八十年代致敬》的文章中写道——

理想闪耀，思想解放，激情澎湃，个性飞扬……是我对八十年代特征的描述。那时候大多数知识分子，还没有患上九十年代后"犬儒主义"的病症；"天下兴亡，匹夫有责"是绝大多数知识分子发自内心的使命感。人与人之间的关系相对比较单纯，理想高于功利，事业重于实惠。素不相识的人之间，因为共同的理想完全可以成为莫逆之交。

我和杨枫，当时虽然素不相识，却因共同的理想精神而相遇。

问心无愧且值得自豪的是，36 年后，我们依然保持着这份温度不减的理想。

虽然已不再是青年，可是我突然想到杨牧先生著名诗篇《我是青年》中的几句——

我是青年——
我的血管永远不会被泥沙堵塞；
我是青年——
我的瞳仁永远不会拉上雾幔。
我的秃额，正是一片初春的原野，
我的皱纹，正是一条大江的开端……

2020 年 11 月 25 日

亲爱的喻钢

一

喻钢是我的大学同学。

和我一样，喻钢当年在班上也是一个很普通的学生。我们那届在中国高考史上——用现在的话来说——很牛，因为叫"77级"。但"牛"的是长我们十来岁的"老三届"。他们在"文化大革命"前接受了完整的基础教育，加上后来上山下乡插队十年的磨砺，无论是文化基础，还是人生阅历，显然都让我和喻钢仰望。

我和喻钢同年，进校才19岁。我们的中小学时代刚好伴随"文化大革命"时期，所以，我们无论哪个方面都很一般，很一般。

不过，喻钢也有引人注目的时候。他当时是班委，班干部怎么说也算是"基层领导"吧！现在有的领导常自嘲"领导就是服务"，但我们从来不把这句话当真。可当年，喻钢这个"领导"真的就是"服务"，因为他是生活委员，每个月负责给大家发饭菜票。每到月末，大家兜里"余额不足"了，自然都会想着喻钢。又比如，他爱锻炼，常常一个人在寝室里练哑铃，弄得手臂上鼓鼓的，学术名称那叫"肱二头肌"，让我羡慕不已。深秋时节，我们已经穿上厚厚的衣服，而喻钢还常常穿着薄薄的衬衣飘然屹立于秋风之中，众人皆曰喻钢"独立寒秋"。

喻钢特别善良，常常默默无闻地做一些有益于同学的事。比如，毕业前的一段时间，就常常见喻钢在寝室里打磨石膏像。事情的原委是这样的：

当时班费还剩了不多的一点，退给大家没有必要，喻钢便想了个主意，将这一笔小钱买纪念品送给每一个同学，给大家留一个有纪念意义的东西。但钱不多，要买一个有"纪念意义"的东西还真不容易。喻钢进城（那时的川师校园只能算成都的郊外）走街串巷寻找，最后好不容易才在春熙路的工艺美术店看到一尊石膏像，是少女读书的造型，典雅不俗。喻钢问了问价，也不算贵，价格挺合适。不过，相当多的石膏像放在仓库里被"污染"了——所谓"污染"，并不是被损坏了，只是石膏像表面有些尘垢，不够光洁。如果喻钢不要那些被污染的石膏像，数量就不够，难以保证每个同学人手一个。店主看出了喻钢的犹豫，便教给喻钢一个方法，叫他把这些被污染过的石膏像拿回去用竹节草轻轻擦拭打磨。于是，那一段时间，喻钢一回到寝室便轻轻擦拭打磨那些石膏像。这是一项非常精细的活儿，力度稍微把握不好，石膏像便会受损。喻钢小心翼翼，细心呵护，真的就像是艺术家在精心创作自己心爱的艺术品。后来毕业时，我们每一个同学拿到手里的石膏像都光洁如玉，崭新如初。

因为我和喻钢同龄，属于班上的"小娃儿"——当然，无论外在形象，还是内在气质，喻钢显然比我成熟，但毕竟论年龄的确是"小娃儿"。我俩还有几个同属"小娃儿"的同学自然就要好些。我的影集里，至今还珍藏着那年我们骑自行车去郊县新都桂湖公园时，我和喻钢在宝光寺前的合影。两个小伙子穿着洁白的衬衣，朝气蓬勃，对着镜头乐呵呵的，一脸纯净无邪的阳光。

后来团支部改选，我俩都进入了"班子"，喻钢是团支部宣传委员，我嘛，用现在的话来说，就是"主持工作"——其实就是团支部书记，但我不好意思说，因为能力不足，心虚。记得在推举谁当书记时，喻钢特别积极，看到我推辞，他还特别鼓励我。我说我"不成熟"，"不会说话，说话语速快",喻钢"反驳"道:"你说话快,正是你的优点,这说明你反应敏捷。"表面上看,团支部宣传委员喻钢是我这个"书记"的"下属",可按世俗的眼光打量,喻钢显然比我"级别"高,因为他同时还兼任着班级生活委员,"团政一肩挑"——那边管大家生活,负责填肚子;这边管大家思想,负责搞宣传。呵呵,牛!当然,这几句纯属调侃。毕业前几天,我们团支部五个同学一起在校园各处拍纪念照。王文辉、李嵘和唐鸣均有舞蹈天赋,他们三人摆出舞姿,不会跳舞的我和喻钢则配合地在一旁扮演观众,傻乎乎地仰望几位"舞蹈家"。

大学四年,我和喻钢共同参与的一次堪称"伟大的行动",那是1981年10月18日晚。现在只要在百度上搜索"中国足球队,1981年",都会知道,那一天晚上发生了一件轰动全国的事——中国足球队以3∶0战胜科威特。当晚,围坐在宿舍楼前看完电视实况转播的我们立刻沸腾了!关于那天晚上的情景,我曾在次日凌晨写过一篇文章《狂欢之夜》,有这样的记录——

  赞叹声、口哨声,然后是脸盆、瓷碗的敲击声,接着是茶杯、水瓶的碎裂声,最后是雄浑的皮鼓声、清脆的鞭炮声以及同学们震天动地的欢呼声……一曲宏伟激越的交响乐在学生宿舍奏响,主题——中国胜利了!

  首先是一张张废纸破布燃起的火,然后是棍棒、木板燃起的火,接着是汗衫、衬衣燃起的火,最后是草垫、棉絮甚至被褥燃起的火……一团团灿烂辉煌的青春之火在川师校园燃烧,火种——中国胜利了!

  每一个能发出声响的器具都变成了最美妙的乐器!

  每一件能燃起火焰的废物都开出了最瑰丽的花朵!

  学生宿舍沸腾了,不,整个川师沸腾了!

  21点30分,欣喜若狂的同学们开始了游行。几支火把在前面引导,然后是皮鼓碗盆组成的乐队。几十个、几百个、几千个同学自发地跟在后面。大家呐喊着英雄的名字:"容志行!容志行!""李富胜!李富胜!"

  队伍在扩大,长龙变成了洪流。21点45分,滚滚洪流向校外涌去,浩浩荡荡，气势磅礴……

当时在写这篇文章的时候，有一个细节因为心虚我没敢写。35年过去了，今天可以"揭秘"了——

因为那天晚上我们的游行完全是即兴的、自发的，也没有任何人来组织，所以队伍涌出校园冲向市区的时候，没有任何标志证明我们是哪路人马。我和喻钢遂和认识与不认识的同学们呐喊着，走到学校门口，看到校门口挂的木制校牌，上面六个毛体字被火把映得通红。我俩不约而同地想到一个问题：我们的队伍需要一个标志啊！于是，我俩合力而吃力地把高高的校牌取了下来，然后同样合力而吃力地举着走在队伍前面，似乎很庄严也很得意地向两旁的路人宣布：我们是四川师范学院的队伍！

游行队伍终于走到了九眼桥，和四川大学的学生们会合。又是一番狂欢，闹到深夜直至凌晨，这时候我和喻钢都已经筋疲力尽，可返回的路还有十多里呢！空手回去都很累，何况我们还举着校牌呢！实在没法子了，我和喻钢只好将牌子拖在地上，一路拖回了学校，然后悄悄地重新挂好。

第二天，我来到校门口看了看校牌，发现经过昨晚在凹凸不平的公路上磕磕绊绊的"磨砺"，校牌左侧边沿出现了两个缺口。这在当时的我看来，是犯了一件很严重的错误。所以我和喻钢都不敢吱声，谁都没说。我们俩人的这个秘密，一直保留到今天。

毕业前夕，我们团支部的几个同学在校园拍纪念照时，我们还在校门口留影。我特意单独照了一张。当时我心里想的就是，和校牌来个合影纪念。毕业离开母校那天，载着我们的汽车开出校门的一瞬间，我回头看校门，那校牌还挂在那里，校牌左侧的两个缺口依旧赫然醒目。

二

1982年1月，我们毕业了，朝夕相伴四年的同窗各奔东西，情同手足的我和喻钢各自回到家乡，在中学辛勤劳作，不懈耕耘于三尺讲台。20 世纪 80 年代的中国，改革开放风帆鼓涨，理想主义狂飙突进。时代激励青春勃发的我和喻钢，充满创造激情的心使我们在各自的教室里进行着语文教学改革。虽然他在邻水中学，我在乐山一中，彼此相隔数百里，但我们常常通过书信交流各自的教改和收获。喻钢每次来信都很长，至少两页，可见当时的他的确有教育心得要和我分享。我至今保留着 80 年代喻钢写给我的全部书信，今天重读，依然心潮起伏，甚至有几分壮怀激烈。喻钢的字写得好。当年在大学，我班字写得好看的同学不多，在我的印象中，只有喻钢、范晓林、李效宁、凌一航等几个同学的钢笔字不错。30 年后，再次看到喻钢的字，真是说不出的亲切。

这里，我批注几封喻钢来信的片段——

> 回家后，我们的最后分配竟拖了一个多月，直到开学差不多一个月时，才把我们打发回各地。我回到了我们县，在县中学试用，接替一位生病的老师的课，教初二，如果下学期接着上，那就是初三了。
>
> 对自己的命运，我很少去考虑幸与否，随遇而安的思想几乎无时不在起作用。一学期结束了，回顾这学期的工作，我感到沉重。没有做好工作的心情，有时竟使我痛苦到沮丧的地步。要真正做好一个称职的教师，于学子有益，非奋斗到老不可！
>
> 满腔的热血，换来的并非都是成功的喜悦。若不是信念支持着我，大概早已为其重负所压倒。管他的，照直走下去吧！也许，人生的道路上，差强人意之时本来就不多。我时时记起你赠予我的王蒙的格言——我们不一定成功，但我们要追求。
>
> 1982 年 7 月 12 日

喻钢毕业后给我写的第一封信，竟然是半年之后。看得出来，刚参加工作的他，也和我一样，并不顺利。"没有做好工作的心情，有时竟使我痛苦到沮丧的地步。"这应该是他一直没有心情给我写信的原因吧！我读出了他对教育的热爱和责任心，这也是他痛苦的原因，但信念一直支持着他。对于同样心境的我，读了这封信，是很有共鸣的。

  我很难述说我接到同学们地址时的激动心情，我只想告诉你，我此刻真想抓住你的双手说声"谢谢"。镇西，你为大家做了一件极有意义的事，我们忘不了。

  这学期我接手了两个初一的新班，并担任其中一个班的班主任工作。这批新生是我校首次面向全县招收的尖子生，农村同学较多，这就使我的工作复杂起来，这些同学都住校呀！我简直是在当保姆了。不过，我很愉快，也有信心。我们是同志，有同感嘛！

1982 年 9 月 13 日

  毕业前夕，我给同学们承诺，毕业后我一定负责搜集整理天各一方的同学们的通讯地址，然后一一寄给大家。这封信是喻钢收到我寄去的通讯录后给我的回复。信中，他给我说了新学年他接手的新工作和他的心情。虽然担子更重了，但"很愉快，也有信心"。他在"同志"下面打了着重号，强调我俩的志同道合。

  这次重新拆开信封，里面除了喻钢的信，还有一张盖了邮戳的邮票。我想了想，喻钢知道我在集邮，所以给我把邮票寄来了。多细心的喻钢！

  镇西：

  你现在好些了吗？

  我们都一样，毕业之后都投身到社会工作中去了，内外的事缠得大家都无心写信，久而久之，也不期望谁会有信来。感谢你垂爱于我，使我有幸重温当初的欢愉。

  工作一年，懒于动笔，却常常放纵感情。我多想像以前那样，在家里待上将近一个假期，然后买了车票，花一天一夜的时间，又重与同学团聚,重新开始我们的争论和晚饭后的散步,重新端上凳子到四川省邮电学校看电影,背上餐具到铁路边野炊。

"一切都是瞬息,一切都将过去,而过去的一切都将成为亲切的回忆。"每当我工作不顺心时,就每每用回忆来填补空虚。

对于教育,你我都怀着一腔热血,但我很清楚,我远不及你勇敢。我时常犹犹豫豫,瞻前思后,貌似稳沉,实难成大事。因此,总羡慕你爽朗的性格。

何故万事都入"一分为二"的窠臼?你一往无前的精神是那样的叫人感动不已,但我也一直担心你的身体能否长久支持你的事业。以前,你顽强的精神鼓舞起来的虚假的强健,曾一度使我悲观。没想到,你竟垮了。

久久难得一封信,得到的却是如此。我的心阵阵地战栗。收到来信几天了,今日乘学校开运动会不上课之机,偷闲给我兄回信,祈祷早日康愈。

镇西,你太辛苦了,你做得太多了,超出了生理极限。须知欲速则不达。我现在的身体状况也大为下降,终日疲乏,面黄肌瘦,经慈母过问调养仍无起色。然与兄相比,我做的事远不及你多,效果也不如你佳。可见,为教绝非易事,岂可一蹴而就?

对于生活,该鼓舞起精神去拼搏,但未行兵前尚须先寻败路呀!要看到自己的长处,也要正视自己的短处。扬长避短,以逸待劳,我想应是进取的信条。不知你是否也这样看?

……

为教一年,我始知其难,来日方长,我给自己订下计划:在保证身体的前提下,不断充实自己,摸索教学规律,争取早日成为教育的里手。我谨以此与兄共勉。谨祝早日重回"水"中。

1983 年 4 月 17 日

这封信我几乎是全文引用,因为实在是太让我感动了。开头第一句便是

"你现在好些了吗",迫不及待的关切之心跃然纸上。我当时工作的确非常投入,健康状况急剧下降,最后不得不住进医院,在医院待了一个月。看喻钢这封信落款的日子,我估计是我住院期间或者刚出院不久给喻钢写信说了我住院的事,所以让一直为我身体担心的他着急了。如他信中所说,他的心"阵阵地战栗"。其实,当时我是比较沮丧的。可以想象,大病中的我读到喻钢的信,读着他充满温情的话,我是何等宽慰!还有他语重心长的告诫,也让我重新思考工作与身体的关系。

镇西吾兄:

  你好!

  我怀着激动的心情读完您的来信,透过字里行间,我更加真切地感到了您不竭的热情、献身教育事业的雄心。

  您的成绩给人鼓舞,让人惭愧。我完全能想象在您所取得的成绩背后凝结着的巨大的劳动量。真羡慕您,还能这样完好地保留住自己的童心。

  跟您一样,我也送着初三毕业班,繁重的工作把我拖进了备课、改作业的烂泥之中。虽然尚未累进医院,但已是终日疲顿不堪。我真要向您请教:您是如何得宽余的?——不但较好地完成了教学工作,还做了如此多的有意义的工作。当然,我不希望您现在就告诉我,毫无疑问,您正空前地忙着。等到假期,我们再好好谈谈吧!

  您正着手编印《未来》,倒使我想起了《霜叶》的产生。——多么难忘的生活!

  我结婚了,而且做了四个月女儿的父亲。您呢?

  ……

1984年4月5日

根据这封信,推想我给他写信的日子,应该是我教的第一个"未来班"快毕业期间。那段时间,虽然毕业班的工作忙死了,但我沉浸在喜悦之中,我的第一个"未来班"取得了让我欣喜的成绩，我急于与喻钢分享，所以给他写信。那段时间，我忙的工作还不仅仅是毕业班的常规工作，更有喻钢信中所说，我正在编印《未来》。这是为我班编撰的"班级史册"，写稿子、刻钢板、亲自在油印室推着滚筒油印，最后还要一本本装订……都是我一个人完成的。累，但这是我和我的学生共同的"致青春"。从此以后，我每带完一个班，都有这样一本"著作"诞生。喻钢说的《霜叶》，是大学毕业前夕，我和包括喻钢在内的几个同学编印的一本毕业纪念册。所以，喻钢说想起了"多么难忘的生活"。喻钢充满喜悦地告诉我他结婚了，并当了父亲。我虽然和他同岁，当时却还在谈恋爱。

  镇西兄：
   你好！
   寄来的《未来》收到了，很是高兴。请接收我诚挚的祝贺。
   你的工作给我很多启发，你的精神更给我许多鼓励。我把《未来》给了我们的教研组长、教务主任看，他们的心情跟我一样，表示要向你学习。
   同时，我为你感到庆幸，有那样多的人——领导、学生、家长，甚至名流，让你执教试点班，这该是有远见卓识之举。
   我没有仔细了解过你的教法，但从你的信中已经大致知道了你的教法是新鲜的，富于创造性的，用现在时髦的说法，你大概是注意到抓"第二课堂"。也许你的工作并不是一帆风顺的，但是你的《未来》是足以让人信服你的工作是有成效的。
   有时间，还请你好好谈谈你的具体做法及其指导思想。
   ……

1984 年 7 月 13 日

当凝聚着我的心血的《未来》油印出来之后，我首先就寄了一本给远方的志同道合者、亲爱的喻钢。喻钢拿着这本书在他的学校展示，我很感动。说实话，能够理解我并分享我的教育理念的人不多，喻钢是其中一个。他信中说我得到了许多人的支持，这话其实不完全对，因为我在得到许多人支持的同时，也遇到过不理解甚至非议，只是我不在乎而已。喻钢说支持我的"名流"，指的是为我们的班歌谱曲的著名作曲家谷建芬老师。

镇西兄：

方案很有新意，给我启发不小，想要批评，一时还找不到词儿。

不过，我甚至做出这般的设想，你下了多大的决心。难啊，要有精力，更要有毅力！自然，你绝非虎头蛇尾之人，但你毕竟不是机器。唯你能真像设想的那样，调动多种积极因素。

本学期未能与你同级，也辞掉了班主任工作，没有可能与你的班结成友谊班，不然，倒真想与你并肩战斗。

这学期，我被安排上高一一个班的课，并负责开辟年级的第二课堂。

第二课堂的主要内容是举办"语文讲座"。这一学期初步安排了十五讲，除有五讲是由其他的老师或社会上的名流讲之外，都是我的责任。上星期已经讲了第一讲"琳琅满目的世界文学——世界文学发展简况"。为准备讲稿，我也累得够呛。

其次是组织学生开展课外阅读。

另外就是准备指导学生办一份油印小报。

我自觉工作量已经达到极限了，但似乎还不能与你相比，所以，不能有所怨。

1984 年 9 月 26 日

所谓"方案"，指的是我接手第二届学生时设计得比较系统的教育教学改革方案。我让喻钢给我提意见，当时我以为喻钢也和我教同年级，所以想让我和他的学生结成"友谊班"。我之所以会想到喻钢，是因为他是真正理解我的，因为不但他本人是一名富有理想与热情的教育者，而且也一直在进行着教育改革。当时我俩的通信就是一种互相交流，互相激励。喻钢当时在尝试"大语文教育"。"大语文教育"是已故的特级教师张孝纯先生创立的一种新型的、带有突破性的语文教育思想。这种思想主张语文教育以课堂教学为轴心，向学生生活的各个领域开拓、延展，全方位地与他们的学校生活、家庭生活和社会生活有机结合起来，并把教语文同教做人有机结合起来，把传授语文知识同发展语文能力、发展智力素质和非智力素质有机结合起来，把读、写、听、说四方面的训练有机结合起来，使学生接受全面的、整体的、强有力的培养和训练。语文教学与生活的结合，是"大语文教育"思想的精髓。喻钢说他当时还和张孝纯先生有过联系，在张老师的亲自指导下进行教学改革。巧的是——其实也不是"巧"，而是"英雄所见略同"，我当时也在进行类似的改革。我一直探索语文教学与学生生活的关系。几年后，我写的论文《变"应试语文"为"生活语文"》获得了《中学语文教学》杂志举办的全国论文大赛一等奖。应该说，这都和喻钢的启发与鼓励分不开的。

镇西兄：

来信及《未来》均已收到，深知当及时复告，以释悬念，不想此事竟一拖再拖，延至今日，以致你不得不来信询问。我还能为自己说点什么呢？只有十二分的歉意和不安。

虽说是久未通信，但我们的心是始终相通的。每次收到你的信，对我都是一个巨大鼓舞和鞭策。我们有共同的理想和决心，但我却缺少你的毅力和才气。你比我做得好，便是我的榜样。我钦佩之余，也时常向我的学生谈起你，把你寄给我的册子给他们传观。于是，你又征服了他们，因而，在他们的成长过程中，又多了一位亲切的老师。我为有你这样的挚友感到由衷的高兴，真诚地希望你能做得更好，成为我们这一代的教育家。

这学期我送的是高三毕业班，"忙"是不言而喻的，"乱"确实是出人意料的。总算快忙完了，结果将如何？不敢乐观。考完后，我将到成都阅卷，最愉快的是能重返母校，能见我日思夜想的老师和同学。不知那时我们能否相见?

谢谢你告诉我老同学的情况。

暂此,谨问

嫂子好!握手!

弟　喻钢
1987年7月2日

一晃三年又过去了,这封信中所说的《未来》,是我为我的第二个"未来班"编印的"班级史册"。三年奋斗,我有限的教育成果再次让喻钢感动,他再次把我的教育故事在他周围宣传,这又让我感动。"真诚地希望你能做得更好,成为我们这一代的教育家。"这滚烫的话语,一直温暖着我的心。说真的,30多年来,许多人说我有坚守的毅力,可他们不知道,这是因为在我的身后一直有无数双热切的眼睛注视着我,期待着我,鼓励着我——其中,就有喻钢的眼睛。不过,喻钢说他的"才气和毅力"不如我,还有"你比我做得好"云云,绝对是自谦。

"我为有你这样的挚友感到由衷的高兴",喻钢这样对我说,而这也正是我想对喻钢说的肺腑之言。喻钢希望当年7月在成都高考阅卷时我俩能够见面,但那年我没去成都阅卷,因此没有见到他,甚为遗憾。

整个20世纪80年代,我和喻钢没有见过面,但是,我时时刻刻都感到亲爱的喻钢在我身边。

三

第一次和喻钢重逢,是1994年——离大学毕业已经12年了。那时我已经调到成都,而他已经于1993年3月辞职下海。在海南的"海"里扑腾了一年多,刚到成都的他,和朋友一起创建了后来赫赫有名的"青田家私"——那几年全国各大城市广告牌上的"青田家私"形象,就是喻钢的作品。创业之初,喻钢显然是买不起小车的。为了上班方便，他向我借了一辆除了铃铛不响浑身都响的破自行车，他就骑着那辆破车整日里去谋生意。后来那辆车并未还我，因为据喻钢说，他骑着车在街上不小心与一辆汽车相撞，人倒没受伤，但自行车已经散架，干脆扔了。这个"桥段"足以证明，刚刚下海的喻钢还是比较窘迫甚至落魄的。

我之所以用"桥段"这个比较时髦的词，是因为成都一年的短暂停留，的确是喻钢人生的一个过渡，或者说叫"转型"。当年扔掉破自行车的喻钢，若干年后居然拥有了自己的车——不只是买得起舒适的小轿车，而且居然还能制造汽车。当然，这是后话。

成都一别，我和喻钢渐渐失去了联系。我一直在学校带着一届又一届的孩子，或在教室里一起感受"荷花淀"那诗情画意里的枪林弹雨，或和苏东坡一起站在大江东去的赤壁前赞叹"江山如画，一时多少豪杰"，或于周末奔跑在原野上，让风筝在蓝天写诗……喻钢呢，则商海弄潮，如鱼得水，天南海北，行踪不定。没有了"业务上的往来"，说实话，彼此的牵挂比过去少了，但每当我的教育有了得意之作时，时不时也会想到远方的他：如果喻钢在我身边就好了！

2001年12月7日，当时我在苏州大学读博士，听说喻钢也在镇江，于是我去镇江看喻钢。他当时在镇江天逸假日宾馆当总经理。次日，他陪着我游金山寺、北固山和焦山。遗憾的是，那天一直下雨，我和喻钢来到北固亭，站在辛弃疾当年"望中犹记，烽火扬州路"的地方，迎着绵绵细雨，生出"风流总被雨打风吹去"的感慨。我和喻钢当然不是"风流人物"，但人到中年，青春年华也渐渐被"雨打风吹去"。

那以后，就很少见到喻钢了。最近我读到喻钢几年前写的文章，他概括了离开教育行业后的行走历程——

> 下海打工的这20年，我先后到过海口、成都、合肥、滁州、镇江、重庆、广安、杭州、长寿、蓬安等16个地方，经历了房地产、家具制造

与销售、酒店管理、广告策划、旅游景区开发、农业综合开发、汽车零部件制造等近十个不同的行业。我从最初在海南新能源股份有限公司跟随在业界享有盛誉的创意总监王一平做广告文案起，一年后做到海南置业总公司的总裁助理，此后一直盘桓于各任职公司的高层，日复一日地与政府官员、商业伙伴、员工、客户打着没完没了的交道，随时牵挂着资金的运行，关注着市场的变化，追逐着一个又一个难以企及的目标，处理着一个又一个似乎永远都解决不完的难题，从来都如履薄冰，战战兢兢，少有开心畅怀的日子。

其中的酸甜苦辣非局外人能够体验和理解。从这段自述中，我感到喻钢用时间和奋斗挖掘了一个"卓越的自己"，也让我发现了一个我以前不曾了解的喻钢：原来他居然有着这样的生活和生存的能力，有这样的创造和创业的才华。当初他从学校离开，究竟是断送了自己"美好的教育前程"，还是成全了一个全新的喻钢？我想，他当年的离去，也许使中国教育少了一个优秀的教师，或者未来的教育家，但也因此让中国多了一位出色的职业经理人。

十天前，也就是 2016 年 8 月 25 日，我应重庆市大渡口区教委的邀请，去给该区校长们讲我是如何学当校长的。这次之所以接受大渡口区教委的邀请，有一个重要原因，就是我想去看看重庆的老同学，特别是喻钢。

再次重逢，紧紧拥抱。没一句客套话，但我们彼此都很激动。那一段时间，重庆 40 度左右的高温，喻钢从上午到高铁站接我，到晚上送我去高铁站，一直陪着我。

喻钢请我参观他的重庆布云者科技发展有限公司，这是一家基于互联网、物联网的以智慧教育综合运营服务为主营业务的高新技术企业，主要从事智慧教育综合解决方案的设计、智慧教育云平台的建设与运营，以及互联网教育系列终端产品的研发、生产与销售。这是喻钢又一个新的创业领域。他在墙上拉下屏幕给我展示他的产品。表面上看，这不过是现在许多学校已经在使用的电子白板，但这种基于互联网的白板，却是一个新产品。它远不只是一个取代传统黑板因而不需要粉笔的高级教学平台，实际上是一个与互联网连接的笔记本电脑，教师在上课时可以随心所欲及时调用所需要的教学资源，通过这个白板，也极大地扩展了教室的空间和课堂的视野。看着喻钢熟练地演示着教学场景，我感到他好像又回到了教室，正给学生上课呢！

下午，喻钢全程在听我的讲述。面对重庆市大渡口区的校长们，我以"朴素 民主 人文"为题，讲了我是怎样学做校长的。我以一个一个的故事，表明我的教育追求：在这个浮躁而喧嚣的时代，我和我的同事只想遵守常识，遵循朴素，坚守良知，以此践行我们的校训——让人们因我的存在而感到幸福。我说，我绝不为"特色"而"特色"、为"品牌"而"品牌"。换句话说，我们不是因为别人有"模式"，我们也必须有"模式"，或者为了树一面所谓"旗帜"，或者为了"在当代中国教育界发出自己的声音"……我统统没想过这些。我们就是为了我们的学生。学生的需要，就是我们教育的出发点。

最后，我这样结束我的讲述："我所做的一切，都是回到教育朴素的起点，遵循教育常识，面对我们眼前的一个又一个孩子，坚守良知。我知道我的这些声音，很不合现在教育的'主旋律'，我也不可能改变别人的看法和做法。没关系，我从来没有想过要改变世界，我只是努力不让世界改变我。仅此而已。"

整整三个小时，喻钢坐在第一排，除了中途站起来为我拍照，他一直全神贯注聆听着我的讲述。从他几乎目不转睛的眼神中，我读到了他的共鸣，或者说，我知道了他内心深处从来就没有放下过的教育情怀。

匆匆吃了晚饭，他又开车送我去高铁站。因为堵车，车速缓慢。一路上，他时不时给我指着窗外说："看，这片楼盘，就是我盖的房子。""诺，前面这辆车，对，就是那个'东风小康'，就是我造的车！"自豪之情溢于言表。车过袁家岗重庆小时代天地，他又指着高楼说："你看，在那五楼上，就是我的荷苗小剧场。"

荷苗小剧场的全称是"重庆荷苗小剧场"，是重庆地区唯一一家专门演出儿童剧的剧场，它是成都东方文商文化传播有限公司荷苗小剧场在重庆的分剧场。这是喻钢给自己肩上扛的又一份新的事业。他给我介绍说，荷苗小剧场组建有专业的驻场剧团，以 2—8 岁的儿童和家庭为演出对象，自 2015 年创建以来，通过改编经典故事与直接原创的方式，迄今已推出了《三只小猪》《咕噜咕噜牛》《拖拖拉拉王国》《猴年》《丑小鸭》《皇帝的新装》《小木偶的微笑》《海的女儿》8 部舞台剧，演出 200 余场，深受儿童和家长的喜欢，获得幼教机构、专家的广泛好评。目前，荷苗儿童剧团正以每月编排一部新剧的速度，不断为广大少年儿童提供更多精彩的儿童剧。在孩子们普遍沉溺于网络游戏的今天，荷苗小剧场秉承"让孩子童年有戏"的宗旨，坚持原创编排和舞台设计，在注重儿童剧教育性和艺术性的同时，还特别强调观剧儿童的参与性、体验性，力求使创作的每一部儿童剧都能为孩子们插上想象的翅膀，寓教于乐，润物无声。

"重庆荷苗小剧场的首场演出将在今年 10 月 1 日国庆节那天推出！"他有些自豪地说。

"绕了一大圈，你还是在做教育啊！"我对喻钢说，"但是，你当初究竟为什么要离开学校下海呢？"其实，我知道他是因为教育不顺才不得不离开讲台的，但具体的原因我一直不知道。

"很简单，就是'世界那么大，我想去看看'！"他不假思索地说，"当时我正承担着达县地区的大语文教改实验，课题是'语文教学综合改革实验'，希望在应试教育的环境下创出一条兼顾素质教育的路来，但一开始就不顺，年级主任甚至公开在学生、家长、领导面前说我这些都是花架子，会影响升学率。当年高考结束便是结题的时间，我觉得就课改来说，那个时间我已经不能再做什么了，刚好有一个机会让我萌生了出去看看的念头，于是跟学校请了一年的假，未被同意，但也没有被特别挽留，于是冲动之下就走了。下海第一站就是海南新能源股份有限公司，这是海南第一家上市公司。离开学校三个月后，我就被学校除名了，从此走上一条不归路。"

"噢，其实你当时并没有真正想从此就不搞教育了，只是想去开阔一下视野，然后再回到学校。"我说。

"是的！从来没有想过要真正离开教育，我只是想出去看看，再回到学校。其实，很多人问过我，当初你为什么要选择下海？我说为了教学，为了我的'大语文'，因为我认为语文绝不是单纯的技巧，文以载道，要达到'只言片语经久不忘，长篇大论听之不倦'的境界，没有'道'是不行的，而这'道'，'纸上得来终觉浅，绝知此事要躬行'。这个回答，很少人相信，至少我当时的领导绝不相信，所以，下海刚三个月，我便得到学校除名的通知。既然把我重返学校的路堵死了，那我只好开始另一条人生的道路。但我最初，确实是为了教育才暂时离开教育的，只有我知道自己当时的确是很真诚的。"

我说："我绝对理解你对教育的真诚。"

他回忆道："是呀，当初下海前，我承担了达县地区教育局的一个'语文教学综合改革实验'，目的是要在不增加学生任何负担的前提下，追求'素质教育'与'应试教育'的统一，结题时间为1993年7月，也就是高考结束，而我是当年3月份下海的。平心而论，这个时候离开，在一般人看来，应该是很不负责任的，所以，学校有这样的反应，我能理解。其实，我们教语文的都知道，就应试教育而言，临考前把大量的时间花在语文上显然是不明智的，尤其是对一个做班主任的人来说。换言之，如果我这两年多来的教改实验是有效的，那么，在这之前的教学，我应该已经完成了几乎全部的教学任务。因此，这个时候离开学生，我相信对他们的影响是有限的。这就是当时毅然决然选择下海而我至今并不十分内疚的原因。"

我说："如果你当初不离开学校，现在你的教育一定做得比我好。"他说："不会，我们虽然都有理想与热情，但我没有你那么坚韧，你很坚强，很执着，而我遇到阻力，有时候会妥协。"

快到高铁站了。喻钢说："人生其实就是一次旅行，不在乎目的地，在乎的是沿途的风景以及看风景的心情。我这几十年确实因为一番番'折腾'与奔波而看了很多'风景'，尽管并非都是我主动的，但毕竟走过了、看到了，在对过程的执着中，我不经意地享受着过往的'风景'。现在我最向往的风景，就是过几年到乡下，建一间农舍，种种地、养养花、喂喂鸡什么的。返璞归真，挺好的。"

在高铁站，拥抱，告别。喻钢的话一直还在我心里盘旋。我这几十年不也是在欣赏风景吗？我所期待的，不也是心灵自由、行动自在的那一天吗？

回到成都后，我收到喻钢的短信——

镇西，我一直深藏着我们的友情。我们不仅是大学的好同窗，更是从教后一直保持联系、彼此密切关注的好教友。非常高兴，你用你的真诚、勤奋、才华，终于成为让我们引以为傲的教育家，你为教育事业留下了朴素而深刻的一笔，留下了许多精彩的教育故事，不想说你会因此不朽，我更羡慕你享受教育的过程。

2016 年 9 月 4 日

好人杨子杰

一

那天是 2017 年 7 月 31 日,我在新西兰的特卡波小镇。当天的日记中有这样的记载——

> 我从来没有看见过这么灿烂的星空!难怪这里被联合国宣布为"国际黑暗天空保护区",而这样的保护区全世界只有五个。我穿着厚厚的衣服,背上摄影器材出门来到野外。仰天看,银河、星星和月亮互相辉映,璀璨无比;星空下,雪山、湖泊,柔和而明亮;地上的草坪、积雪、小树以及房舍,朦胧而隐约,梦幻一般。我赶紧支开三脚架,拿出相机,沉浸在一种美好的享受中。

但有一个细节,我没有写进日记中,就是在拍星空时,我用佳能 16—35 广角镜,却老对不准焦距。情急中,我拨通了朋友杨子杰的电话。虽然我置身南半球而他身在北半球,还隔着四个小时的时差,可是他却越过遥远的时空,在电话里指点我如何拍星空——如此，如此，这般，这般。于是，在子杰兄的指导下，我拍出了我第一张最美丽的星空。

二

周围的朋友常常恭维我，说我的"摄影水平不错"；可和子杰相比，我连摄影的门都还没入。当我第一次见到杨子杰时，我根本不敢说我带了相机。

那是2013年暑假，武侯区总工会组织我们劳模去西藏旅游。第一天傍晚到达林芝八一镇登记住宿时，大家都在约合住者。我怕打呼噜，得找一位不打呼噜的人"同房"。根据我的经验，瘦子一般不打呼噜，于是我的眼光投向了一位瘦瘦的、帅帅的高个儿。我问他："你打呼噜吗？"他说："不打。"我又问："你睡眠如何？怕打呼噜吗？"他说："没问题，不怕。"我赶紧说："那我俩睡一间，如何？"他很爽快地答应："好呀！"

进了房间互相介绍，我知道他的名字叫"杨子杰"，是成都市一家摄影器材公司的经理。因为勤劳合法经营，他被评为成都市个体劳动者劳动模范。

果然，当天晚上我躺在床上，听不到一丝声响，完全就是住单间的感觉。第二天早晨我问他昨晚睡得如何，他说很好。我又心虚地问："昨晚你听到我打呼噜了吗？"他说："有一点点，不影响我睡觉的。"我放心了。因为我其实是打呼噜的，而且不是"一点点"。我曾经调侃说："外出旅游，和我住一个房间的，必须同时具备两个条件：第一，不能打呼噜；第二，必须忍受我打呼噜。"

于是，我和子杰的友谊就从那天开始了。

三

我喜欢照相，他擅长摄影。注意，我这里说的是"我喜欢照相"，因为我的水平是达不到"摄影"的要求的。于是，我抓紧机会向子杰学习。他脾气特别好，总是不厌其烦地指点我。结果旅游一周，我在拍照方面大有收获。

当然，最大的收获是结识并了解了子杰这位值得一交的朋友。也许是性格的原因，我俩很投缘，聊起天来十分投机。我聊我的教育，他聊他的摄影。我以为他当初学的专业便是摄影，他说不是，其实他大学学的专业是船舶工程，离"摄影"还远得很。于是，他给我聊起了他的经历，真是还很丰富呢！

他说，他读大学时学的是船舶工程，因为成绩不错，毕业时恰逢部队到学校招人，他幸运地进入了中国人民解放军总后勤部车船研究所，成了一名军人。几年后，转业到了成都65厂，从一名技术员做起，后来成了一名工程师。正当别人都认为他在单位"混得不错"时，他却主动扔下铁饭碗，下海经商。经过几次应聘失败，后来终于进入一家大型集团，再后来他又以自己出色的技术能力被新加坡一家公司看中，邀请他前往新加坡工作，两年后又被公司派往缅甸负责那里分公司的技术管理。几年后，他放弃了国外的高收入工作，回到成都自己创业，创办了成都碧云数码科技有限公司——这个公司主要是经营照相机、摄像机等数码产品，这和他的摄影爱好刚好"重叠"。再后来，他成了劳动模范。再后来，我们有缘相识。

四

西藏之行，子杰的善良和才华，还有他丰富的经历，都给我留下了很深的印象。回到成都不久，学校开学了，我特意邀请子杰到我校开学典礼上向全校师生演讲。

在全校师生的热烈掌声中，杨子杰先生走上了讲台，开始了他的演讲——

老师们、同学们：

大家好！

今天非常荣幸能到这美丽的校园和大家一起来分享你们的快乐，同时也非常感谢李校长给我这个机会。为了不辜负李校长给的宝贵机会，我一直都在想我有哪些感受可以分享给大家，才对得起这个机会，也不浪费大家的时间。最后我想分享的是"机会总是留给有准备的人"，并把我自己的成长过程分享给大家。

子杰从他考大学时讲起，然后讲他的大学生活以及从军经历，一直讲到他转业后如何到地方，然后下海、出国、创业……3000多名师生被他的讲述吸引了，静静地听着。

子杰不只是简单地讲自己的成长经历，而是结合自己的成长史谈感悟。比如讲到部队生活，他说："经过几年的部队工作，我了解到工作和学习一样，必须认真负责，一丝不苟。同时，工作的责任心更重要，也许你的一个错误就会让无数战友牺牲。"讲到下海的曲折经历包括多次碰壁失败时，他说："不论工作的环境有多恶劣，我都努力把工作做到最好。"

最后，他这样结束他的演讲："多年来，我一直想'幸运'的人真的只是'幸运'吗？经过对自己和许多也很幸运的人进行了了解后，我发现，幸运中有很多必然，他们学习努力刻苦，工作认真负责，看到困难总是积极向上地去解决问题，对人诚实谦虚，时时刻刻都在学习和准备，所以，我总结出'机会总是给有准备的人'。如果你希望自己今后能成为对社会有用的人，现在就一定要开始为明天作准备，努力学习，爱戴你身边的每一个人，以积极向上的心态为今后的机会到来作好准备。"

演讲完毕，我简单评论了几句："同学们，杨叔叔大学毕业后从军，后来又到国企，然后又下海创业，无论他做什么都很出色，无论在哪个岗位上他都卓有成就。因为他随时都准备着去迎接机遇的到来，而不是被动地等待机遇。让我们向杨叔叔表达敬意！"

五

几年来，我把子杰兄当作师父，在拍照方面一有什么问题，便打电话请教他。他总是不厌其烦地给我指点。去年暑假,总工会组织劳模去千岛湖疗养。那天是农历七月十五,晚上月亮很圆,可我老拍不好,拍出来的月亮只是一个圆圆的饼子,一点儿都没有立体感。于是我又打电话问子杰,然后按他说的方法一拍,呀!原来月亮可以拍得这么逼真,连月球表面的凹凸阴影都看得见。那一刻,我非常有成就感。

一个月后的中秋,我在乐山,当晚月亮又圆又大,月下的岷江灯火点点,乐山古城墙被霓虹灯装扮得五彩斑斓。我赶紧拿出相机准备拍一下这"月下古城"。可是问题来了,我拍了月亮就无法呈现周围的景物,拍了景物就无法呈现圆月。如何同时在画面上呈现圆月和月下景色?我又给成都的子杰打电话,果然,在他"口把手"的指导下,我用多重曝光的方法拍出了非常满意的照片。第二天回到成都,天刚黑我便来到九眼桥上,用头天学的方法拍了好几张"月下廊桥"的照片,放到网上,一片点赞。

子杰受邀为老年大学摄影班讲课,我很想参加,无奈我要上班,没时间听课,但有一次他带着学员在我的单位附近的望江楼公园拍习作,我也带着相机去看看,顺便也旁听学习。到了公园,远远看到一大群白发苍苍的大爷太婆围着子杰,子杰正给他们讲着光圈、速度、感光度、对焦等,然后布置作业让大家去试拍。老人们一哄而散,各自"创作"去了。子杰总算清闲下来了,我也就乘机请教他几句。谁知我第一个问题还没问,老人们又三三两两回来了,七嘴八舌地问子杰:"杨老师,快门是不是按这个?""杨老师,这光圈是调哪儿呢?""杨老师,我这快门咋个按不下去呢?"问题层出不穷,其实都是基本的操作,我在旁边哭笑不得。但子杰耐心到了极点,他笑眯眯地一一解答:"快门在这里,你按嘛,嗯,对了。""光圈拨这里,对,就是这里。""快门按不下去?我看看……嗯,你这相机忘记装电池了,把电池装上就没问题了!"

我一边笑一边对子杰说:"你的脾气不是一般好,简直就是活雷锋!"子杰却说:"对我们懂的人来说,这些问题很简单,但对于不会的老人们,自然就很难,我理解他们。"

这话倒让我惭愧起来。

六

今年 8 月，总工会又组织一年一度的劳模疗养，地点在内蒙古呼伦贝尔大草原。事先我就和子杰约好了，我们在一个组，这样我又可以跟着师父学习了。

在恩和俄罗斯民族村，在莫尔道嘎，在通古斯蒙古包，在满洲里套娃广场……我像跟屁虫一样跟在子杰后面。他肩上扛着三脚架，手臂上挎着相机，我也煞有介事地扛着三脚架、挎着相机，他拍哪里我就拍哪里。我们拍晚霞，拍朝霞，拍日出，拍日落，拍月亮，拍星空……在莫尔道嘎，他还教我拍灯轨，看着自己拍的大街上长长的彩条，我不禁笑了：以前认为拍这车灯的轨迹太"高难度"了，原来这么简单呀！

除了一起拍照（他当然算是"摄影"），我们回到房间躺在床上便聊天，有时候聊到凌晨。在蒙古包里，小青蛙和小老鼠蹦蹦跳跳来回穿梭，我俩聊起了家常。原来子杰的身世很是不简单。他说他父亲叫杨文歧，原来是长钢总厂医院的外科医生，还是老八路。我有些迷惑："你父亲参加过八路？令尊今年高寿？"他说："快九十了！"我心里一算，那抗战时也还是个娃娃呀！他看出了我的迷惑，说："我爷爷是一个很有血性的人。当时日本人经常欺负他们，他干脆把自己的六个孩子都送上战场了！当时我父亲只有 14 岁，而他的妹妹，就是我姑姑才 13 岁，还有一个他最小的弟弟只有 12 岁。"我惊呼："太牛啦！你们家都是抗日英雄啊！后来，你爸爸他们都……"他说："全都等来了抗战胜利！"我说："你家的历史完全可以拍电视连续剧啊！"他说："我也很想多记录一些我父亲的故事。他当年参加八路后，因为年纪小，就当卫生员，再后来就去学医，这样便成了医生。"他说他父亲曾经创造过一个奇迹："有一个人头部受伤，脑浆都洒了一地，医生说没救了，但我父亲说他试试，他用他的方法给患者动手术，把地上的脑浆捡起来重新装进去，后来这个人居然被救活了。虽然大脑受到损伤，智力反应等有障碍，但毕竟生活能够自理。"我听得目瞪口呆，心想，难怪子杰这么牛，原来是他神一样的父亲，培养了一个神一样儿子啊！他说："我父亲是我心中的楷模和偶像！"我说："你和你父亲，是两代劳模啊！"

子杰对摄影的痴迷，以及一丝不苟的态度让我大为感动。在满洲里的那天傍晚，天下起了大雨，面对雨中油画一般的城市夜景，子杰撑着伞护着相机去拍照，拍了一张张精美的夜景，可代价是他的皮鞋被雨水浸透，完全无法穿了。第二天出发时，皮鞋还没干，他只好把湿鞋包好装在行李箱里，而穿上酒店房间的一次性拖鞋便踏上了返程，先坐大巴，然后到海拉尔机场。一直到晚上，我们在候机的时候，可怜的子杰的脚上还套着那薄薄的一次性拖鞋。

七

结识几年，"同居"两次，子杰给我留下了太深的印象。在写这篇文章的时候，我斟酌过用什么词来概括他的品质特点：善良、谦卑、温和、细心、宽容、儒雅……这些品质他都具备。但想来想去，我最后决定用一个朴素的词来评价他："好人"。本来，做"好人"是一个人最起码的追求，但在当今社会，能够被称为"好人"的人已经不多了，子杰受之无愧。

回到成都，我整理着在子杰指导下拍的照片，欣赏着照片，也在心里感谢着子杰。我给他在微信上说："明年劳模疗养，我们还约到一块儿啊！"他说："不见不散！"

2017 年 8 月 20 日

"何惧路远，胸有乾坤！"

重庆开州请我去讲课，我一直嫌交通不方便，迟迟没答应。我承认有时候很自私，不愿意为偏远地区的教育吃苦，远不是许多人认为的那么有爱心。开县（即现在的开州）六年前我去过，交通的确艰难，当时坐汽车要花六七个小时。我最近身体状况不是特别理想，所以我总是回复说"以后再说吧"。

就这么一拖再拖。好在现在交通比过去方便了，先坐动车到万州，再坐汽车到开州，也花了半天时间。今晚总算到达重庆开州。

走出动车站，开州的有关领导来接我。刚上车，他们就跟我聊了起来，先套近乎："你们成都的教育人有很多我们开州的。比如原来的武侯区教育局局长雷福民、副局长刘仁富……"我说："还有雷福民局长的继任者张天劲，后来还担任过武侯区副区长、宣传部长……"

但他们更多的是跟我聊他们的"赵主任"。他们说："我们这次搞的这个'教育家开州行'……"我马上把话打断："我不是教育家，真的不是。"但他们好像没听到我说的话，继续说他们的"赵主任"如何"关心教育""重视教育"，云云。

实话实说，我听了真的不以为然，因为我到过好些地方，这样的话听得多了，下属拍几句领导的马屁很正常啊！

再说了，教委主任（重庆各级教育行政部门依然叫"教育委员会"而不是"教育局"）关心教育、重视教育这不很正常吗？夸一位教委主任关心教育、重视教育，就相当于夸一位厨师关心烹饪、重视烹饪，这不滑稽吗？

但听着听着，我慢慢明白了，人家说的这个"赵主任"并非"教委主任"，而是开州区人大常委会主任！我忍不住问了一句："他分管教育吗？"回答是："不分管教育。"我糊涂了："那他、他、他为什么这么热爱教育啊？"我感到迷惑，既不是教委主任，也不分管教育，居然"关心教育""热爱教育"，匪夷所思。

得到的回答是："我们赵主任年轻时也是师范毕业，教过中师，所以有教育情怀。"

这回答很笼统，所谓"教育情怀"，多抽象而空洞啊！

晚上吃饭时，赵主任坐最中间，特意安排我坐他右手边。我看他面前的名牌写着他的名字："赵远坤"。

刚开始，我俩还彼此客气地寒暄着："久仰久仰！""幸会幸会！"——其实我俩并没说这几句话，可就是这个意思。

但没说几句话，我就感到他是真正有教育情怀的。

第一，他并没有分管教育，但他利用自己的行政权力在很多方面推动开州的教育。比如这次"什么什么家开州行"活动，他说，进修学校负责请专家，我就负责提供后勤服务，包括有关经费，教委负责组织老师和校长听课。还有开州的许多教育改革，他都是有力的推手。

我问他："您又没有分管教育啊，为什么这么热心教育？"他回答："我是没有分管教育，但管着分管教育的人啊！"他现在特别关心教师的专业素质提升。

关心教育当然不只是关心教师成长，还应该关心教师待遇，这个我不好当面问赵主任，但我私下问了问开州的教师，他们都说还可以。我说："说具体些，怎么可以？比如'不低于公务员收入'达到了吗？"他们都很肯定地说：

"早达到了。反正政府公务员有的，我们老师都有。高级教师的收入相当于正处级。最近几年的超绩效工资都在三四万元。"

这些当然不能说是赵主任一个人的功劳，但有了这些物质基础，教师不断提升自己的专业素质就更加有底气。

第二，不只是宣传、鼓动教育改革，他本人就亲自研究教育，抓教师队伍建设，通过教育科研来提升教师素养和专业水平，提出了"学、研、用"的教育科研模式，即学习、研究、运用。而且在开州推动教师阅读，买了很多书送给校长和老师们。

他还琢磨如何发挥全国知名专家的作用。他想到三点："第一，讲课，就是传授先进的教育理念；第二，指导，就是请专家直接到学校进行更深入的指导；第三，合作，就是我们开州或开州的一些学校可以直接和专家进行长期的教育合作。"

我对他说："我还是没想明白，您为什么对教育有这么炽热的情感和浓厚的兴趣？"他说："我是重庆师范大学毕业的，后来在开县师范学校教了六年半的书，后来到了政府机关，但一直记挂着教育。我快退休了，几年前我就在想，退休后做什么？后来我想，应该找一件我喜欢的事情来做，这件事不但在职的时候可以做，而且退休后可以自然而然接着做，我就想到了教育。我在政府干过，在区委干过，在政协干过，现在又在人大干，这丰富的经历都成了我做教育的资源。我过几年就退休了，但我完全可以这样自然而然地继续做教育。"

第三，他本人酷爱读书。他说，他倡导老师们读书，自己也读书。在聊天的过程中，他非常自然地随口背诵了我、朱永新老师等人著作中的语段。什么"如果教师只盯着考试，教育就没有意思了""理想不灭，人生不败""行动就有收获，坚持就有奇迹""一个人的精神发育史，就是他的阅读史"……他还知道新教育最早是"六大行动"，而现在是"十大行动"，还知道新教育有教师专业发展的"吉祥三宝"：专业阅读、专业写作、专业交往。

他说他细读过国内许多教育名家的著作，除了朱永新和我的，还有程红兵、孙云晓、尹建莉的书，他都读了。说起我的《爱心与教育》，他对书中的内容如数家珍；他说他还读了我的其他许多书，甚至我有一本并不太出名的书《恕我直言》，他也读了！

"我今天还特意带了一本我正在读的《教育的100种语言》来，请您给我签名。"说着，他从提包里拿出一本《教育的100种语言》。我打开一看，圈圈点点，勾勾画画，显然是读得很细。书中还夹着几页纸，我打开看，是他写的读书笔记！我十分感动。

一个人大主任，平时的工作显然是十分繁忙的。我问他："您这么忙，是怎么抽出时间读书的？"他说："每天晚上九点到十一点，都是我的读书时间，坚持多年，雷打不动。另外，每个周末，我都在周六和周日各抽半天时间读书。"

回头想刚到开州时听闻的"我们赵主任重视教育"，确非虚言。一个地厅级官员，自己不分管教育，却如此钟情教育，而这种"钟情"，不是写在文件上的，也不是表现在大会作"重要讲话"时，而是身体力行，是实实在在地阅读教育、思考教育、推动教育。

当然，我对赵远坤主任了解不多，但仅仅是坚持不懈地读书，就让我感到敬佩。现在不少老师总说自己忙，无暇读书，但想想赵远坤主任，他的忙碌显然不亚于任何一个一线老师，但他能坚持阅读，我们为什么做不到呢？何况，有的老师可能还不如赵主任忙呢！

晚上，我给朱永新老师打电话，说了赵远坤主任对教育的情怀。朱老师也很感动，他要我转达他对赵远坤主任的敬意。朱老师的原话是——"向远坤主任致敬！何惧路远，胸有乾坤！"

2020年6月22日

辑三 □ 温馨

"笨笨",你在哪里?

"笨笨"是一个网名,我知道在网络上有无数个"笨笨"。比如"镇西茶馆"就有一个"笨笨",经常留言。

但我今天要找的这个笨笨,是我20多年前的网友。

本世纪初,我一边跟着朱永新老师读博,一边在教育在线论坛做总版主。当时网络兴起不久,我和天南海北素不相识的老师们却每天都相聚于教育在线论坛,讨论着我们共同关心的教育话题。

一天,我收到一条私信,来信者叫"笨笨",也是参加讨论比较活跃的老师。从他的跟帖来看,他是山东的老师。那次来信,他说,听说我睡眠不好,想给我一个偏方,"是我奶奶告诉我的,很灵"。信的原文我无法一字一句回忆起来,但这句话我印象很深。

笨笨说的"偏方",就是将酸枣核磨成粉末,然后冲红糖水喝。他要我一定试试。

当时我很感动,没想到他还惦记着我的睡眠。我回复他,向他表示感谢。但说实话,我是不太信这些偏方的。

过了一段时间,我收到一个包裹,打开一看,是一包酸枣核。我一下就想到了笨笨。果真，他在网上跟我说，给我寄了一包酸枣核，地址是我的学校。他说，他怕我找不到酸枣核。

哎呀，我没有把这偏方放在心上，笨笨却一直惦记着我的睡眠。我有些歉意，觉得对不住他。

尽管如此，我还是没有立刻用这个偏方，因为要把这酸枣核弄成粉末，对我来说，还是一个不小的工程。以后方便时再说吧！我心里告诉自己。

可千里之外的笨笨好像在我家安装了摄像头，知道我没动那包酸枣核，甚至知道我为什么没动。过了一段时间，我又收到了一个包裹，他把酸枣粉和红糖一起给我寄来了！他叮嘱我："您一定要服用！"

我既感动，又内疚，不知对他说什么好。

这次我按他说的，每天都用酸枣核冲红糖水喝。好像有些作用，说实话，其实我的所谓"睡眠不好"并不是他以为的那么严重，应该说还可以，加上服了酸枣核加红糖水，也许是心理作用，好像真的好些了。

他在网上问我："效果如何？"我说："很好。"他说："那我再给你寄一些去！"我赶紧说："不用不用。现在我的睡眠已经很好了，以后再出现睡眠问题，我就自己去找酸枣核！"

他答应不给我寄酸枣核了，但再三叮嘱我，一定要注意身体。

我对他说："笨笨，您能否告诉我您的学校地址和实名？我给你寄两本我的书去，签上名。"

笨笨的回复很简洁："不用的，李老师，我已经买了您的好几本书。您不用感谢我，我也不会告诉您我的名字和学校的。您不用知道我是谁，只要知道我也是一名热爱教育的老师就行了。我和许多老师都希望您好好的。"

互联网发展很快，教育在线论坛几年后被新的网络交往方式所取代：博客、微博、微信、微信公众号……笨笨渐渐和我失去了联系。

有一次去山东讲课，面对下面上千名老师，我讲了笨笨给我寄酸枣核和红糖的故事。我说："我至今不知道笨笨是谁，我只知道他是山东的一位老师，于是，我把在座每一位老师都视为笨笨！当然，说不定笨笨老师此刻正在下面坐着呢！"

全场鼓掌。

这掌声与其说是给我的，不如说是给笨笨的。现在每天在网上给我发信息的老师越来越多，各种"请教"铺天盖地，说实话，我难以一一回复，所以"镇西茶馆"的后台消息我一般都不看。不能说心里没有一点歉意，但更多的是无奈。我这样安慰自己，做好自己能够做到的一切，就是对无数朋友的报答。

每次在外面讲学时，被老师们簇拥着要求合影或签名，我都很感动。我算什么呀？能够被老师们如此厚爱。但实话实说，很多时候我力不从心，难以满足，不光因为累，有时候还要急着赶车或乘飞机。我知道没能满足很多老师的愿望，如果有老师因此而失去对我的尊敬，是我"咎由自取"，不过我也只能在心里说声："对不起，请理解！"

我已经对找到笨笨不再抱希望了，但我永远在心里记着笨笨和无数像笨笨一样关心我的朋友！

真诚祝福每一位朋友！

2021年5月3日早晨
于甘孜州新都桥

胥师傅

一

他是一位普通的理发师傅。很长一段时间里，我不知道他叫什么名字，后来知道了他叫"胥毅"，但我依然一直都叫他"胥师傅"，已经叫了很多年。

十多年前，我浓密的头发开始越来越少，这给理发师傅带来挑战，能够理出让我满意发型的师傅寥若晨星。我常常从理发店出来，却不好意思见人——奇怪的发型让我拥有了很高的"回头率"。

我本来是一个不修边幅的人，但随着所谓"知名度"的增加，不得不考虑自己是代表着学校甚至西部教师的形象（不好意思，其实谁也没授权我"代表"谁，只是我多年来在习惯被代表的同时，也习惯"代表"别人了）。因此，很长一段时间，我为没有人能够帮我理一头"看得过去"的发型而郁闷。

后来，我偶然遇到了一个姓余的小伙子，他的双手居然能让我容光焕发。从此，我每周定时在他那里理发，不再为理发发愁。小余的技术和敬业让我特别满意和钦佩。好几次我去电视台做节目之前，都必去找小余师傅理发。

后来，他不做理发了，却担心我的头发，便特意给我介绍胥师傅。记得当时我还不放心地问他："这师傅比你如何？"小余笑着说："他是我师父。"

二

当时胥师傅40多岁，其店铺在双楠小区置信南街155号，所以名叫"双楠美发厅"。名为"美发厅"，其实只是一间十来平方米的屋子。铺面很小，很朴素，很不起眼，却很温馨。他理发，妻子和女儿做他的助理，帮着洗头。一家三口共同支撑着这个小小的理发店。

胥师傅的理发技艺果真比小余还精湛。我凌乱的头发，在他粗糙而柔和的手指间变得温顺起来；而且我稀疏的头发经过他的摆弄，居然神奇地蓬勃起来。每次走出胥师傅那朴素的理发店，我都信心倍增。我好多著作封面照片上的发型，都是胥师傅的杰作。

胥师傅不但理发技术好，而且动作特别麻利。双楠小区属于商业比较兴旺的地段，街边停车费特别贵，但十分钟之内免费。胥师傅每次给我理发，从洗到吹都在十分钟左右。他说这样我便可以免去停车费。

因为技艺精湛，而且收费合理，更因为善良，胥师傅的店铺虽小，却常常高朋满座。我注意到，几乎每个前来理发的人，都和他很亲热，寒暄之间俨然和他都是好朋友。

也有相对比较清闲的时候，我就会看到胥师傅坐在店门口专注地研究彩票规律。他知道我是教师，以为我什么都懂，便问我有关彩票的事。很遗憾，我只能如实回答："这方面我一窍不通。"有一次，他很兴奋地给我说："昨天我中了一千元。"我恭喜他，心里很高兴他把我当朋友了，与我分享他的喜悦。

三

胥师傅家住簇桥，离店铺所在的武侯区置信南街155号很远，每天早晨八点半到九点之间，他骑电瓶车搭着他妻子来到店铺，女儿骑自行车跟在后面。

一年当中除了春节休息三天，其余每一天胥师傅一家都在店铺忙碌。

春天郊外如云的桃花，秋天满城金黄的银杏叶，包括成都市民在冬天暖暖的阳光下喝茶打麻将，都和他没关系。

虽然辛苦，但我每次去理发，都能听见他和妻女的笑声。这笑声常常让我受到感染，并且感动：生活清贫，他们却乐呵呵地过着每一天。他们以自己的善良和勤劳，赢得并享受着自己的幸福。

因为我特别忙，而且经常会突然出差，或者被通知接受电视台采访之类，所以免不了要麻烦胥师傅，比如请他比平时早点到理发店，或者推迟下班。胥师傅对我从来是随叫随到。

不止一次，在寒冷的冬天，他七点半或八点就来到店铺；有时候因为我，十点以后才回家。我特别过意不去，付费的时候便多给他几块钱，但他坚决不要我多付的钱。于是，我便时不时送他一些茶叶呀、松花蛋呀、竹笋呀等土特产。

我知道，这些东西远远不能与他为我的付出相称，但我只能这样表达一点心意。

四

几年前的一天早晨，我去理发，等到八点半他都还没来。我正要给他打电话，他妻子来了，告诉我他住院了。我一惊，问什么病。她说是鼻子里面长了息肉，动了个小手术。

当天晚上，我买上水果去病房看他。胥师傅感动得不得了，直说："李老师，你对我太好了！"我真诚地说："那是因为你对我太好了！"他说："我要不了几天就可以出院了，出院后我就给你打电话。"这话让我感动到了极点，他还担心没人给我理发。我说："你别惦记我的头发，我会想办法的。你现在的任务是把身体弄好！"

"出院后我就给你打电话。"从医院出来，我开车回家，这句话一直在我耳边回响，我心里满怀着感动。

冬去春来，时间就这么平平常常过去。我依然每周都去胥师傅那里理发。他依然那么热情，小店里依然那么温馨。

不过有时候他也叹息，说"生意越来越不好做了"，因为许多老客户搬离这个小区了，还有些常来理发的老人也渐渐"走"了。"现在房子的租金又贵，还要涨。唉！"他说。

虽然他几乎年年都说"明年不做了"，但他这间朴素狭小的理发店，依然屹立在双楠小区，在置信南街155号，默默地散发着温馨。

五

我第一次来理发的时候，胥师傅的女儿还是一个青涩的小姑娘，跟在爸爸后面当助手。几年过去了，小胥渐渐挑起了大梁，而且手艺直逼其父。所以很多时候，都是小胥帮我理发。

后来，小胥结婚了，直到怀有身孕依然挺着肚子在店里忙碌着。再后来，小胥的儿子满月了，一岁了，两岁了……渐渐可以满地蹒跚地走了。于是，小店里经常看到小家伙可爱的身影，这也给小小的理发店带来更多快乐。

40多岁就当了外公的胥师傅依然和爱人住在城郊，但他用不着那么着急赶来了，因为小胥婚后就随丈夫住在双楠小区，离理发店非常近，几乎就是守着理发店。于是每天早晨，小胥都是第一个来到店里忙碌。只要我有急事，哪怕下了班，小胥随时都来到店里为我理发。

有一次，我从福州回成都下飞机已经是晚上八点多，一出机场便给小胥打电话，说我第二天早晨又得乘八点多的飞机去乌鲁木齐，只好今晚理发。她说："李老师，您别急，我等你。"等我打车赶到理发店时，已经九点多，理完发已十点了。想到两岁的孩子还在家里等着妈妈，我心里觉得很对不住小胥。

六

胥师傅不过是一个普通的劳动者，但在我的心里，他比好多身居高位的人更让我敬重。记得有一次和胥师傅聊天，他说他是 1966 年出生的，那么今年他应该 54 岁了。我不知道他具体的生日是哪一天，那我就在这里衷心祝福善良的胥师傅生日快乐。

节前胥师傅曾经对我说，他今年春节要多耍几天，初六上班，要我初六去理发。但这几天因为疫情，我困于家中。不过我想，胥师傅一定已经开始上班了。

我向天下像胥师傅一家人这样善良勤劳的劳动人民致以深深的祝福！

2010 年 11 月 29 日首稿
2016 年 7 月 6 日修订
2020 年 1 月 31 日再改

周　姐

　　周姐是我母亲从劳务市场上请来的保姆。她名叫周淑花，家住农村。平时母亲叫她"淑花"，我叫她"周姐"——周姐今年60岁，比我大，我当然该叫她"姐"。她随我母亲生活了一年多，最后送母亲走完人生的最后一程。

　　母亲脾气不好，在请周姐之前，也请过好多保姆，可没有一个能够让母亲中意，所以大都干几天就离去了。但母亲对周姐赞不绝口，多次对人说："我请了八个保姆都不满意，最后选中了她！"

　　周姐个子不高，看上去有些瘦弱，甚至似乎弱不禁风。第一次见到她，我还担心她是否能够承担保姆所应该承担的工作，更担心她是否能够赢得我母亲的欢心——要知道，我母亲对人是很苛刻的。然而，她很快以她的善良、勤劳和坚韧，让母亲满意，让我放心。我和她接触并不多——我白天在外面忙得不可开交，就是晚上和有的周末与她相处。但从我仅有的观察和母亲的赞美中，我感到外表朴素的周姐，有一颗金子般的心。

　　不过，真的要写她，我竟然一时觉得其实她也没有什么可写的——想起来的不过是一些记忆碎片，而这些碎片所记录的无非都是一些琐事。

　　去年9月中旬第一天到成都的晚上，她和母亲睡不着，不仅仅是因为天气炎热，更因为底楼房子的蚊子实在太多。于是，她干脆不睡了，从床上起来收拾房间——刚住进这个房子，满屋都乱堆着刚搬来的行李杂物。于是，周姐挽着袖子干了起来。等到天亮，一个大客厅和三间屋子，还有厨房和卫生间，都变得亮堂堂的。所有东西都有序地放在恰当的地方。

周姐的勤劳和不怕苦让母亲和我不但敬佩，而且有些吃惊。虽然家里的事并不多，可她总没有闲着的时候。母亲对我说，抽水马桶很脏，里面污垢都成硬壳了，可是周姐居然把双手伸进马桶，用指甲一点一点地抠那些污垢，硬是让马桶里里外外都洁净如新。

有一次她收拾屋子，在木柜角落捡到20元钱，马上便给了母亲："孃孃，这是你丢的钱。"母亲对我说起这事很是感慨："我记性不好，她捡来把钱揣进兜里我也不会知道。她真是很老实的人！以前我辞退过一个保姆，就是因为手脚不干净。"后来我和周姐谈起此事，她很平淡地说："我贪了这钱也富不起来的，还坏了自己的名声。"从此，母亲对周姐更加信任，现金放得也很随意，母亲相信周姐的人品。

周姐脾气好得不得了，简直就是没有脾气，这点也很讨母亲欢心。有时候母亲发脾气，她总是笑眯眯的："孃孃别生气，我错了，下次改正嘛！"好几次，母亲吼她，我都看不过去，可周姐依然笑眯眯的。事后，我背着母亲向她表示歉意，她说："没什么的，孃孃是那个脾气，我晓得。反正顺着她就是了。"她还说："孃孃脾气虽然不好，但心很好，对我特别好。"

周姐陪母亲打牌，最让母亲开心。当初母亲到劳务市场找保姆，重要条件之一就是会打牌。这里说的"打牌"，包括打麻将和打字牌。如果有三四个人，她们就打麻将；如果只有母亲和周姐两个人，就打字牌。字牌是我们这里的"土特产"，打法简单而有趣。当然也有输赢，不过是"虚拟输赢"，就是用扑克牌的张数来表示输赢记录，并不真的"兑现"。一年多来，周姐和母亲在一起的时光，大部分是在牌桌上度过的。我回家，经常听到母亲发出爽朗的笑声。有时候回家很晚了，她俩还在牌桌上"斗智斗勇"。其实，周姐常常不露声色地让着母亲，让她赢，让她高兴。她对我说："只要孃孃高兴，我盘盘输都没关系!"这次住院,母亲专门带了一张木板。她说,板子放在被子上就是牌桌。直到母亲去世前一天晚上,周姐还陪着母亲打牌。

母亲不止一次说:"淑花根本没有把自己当作保姆,而是完全把自己当成了家里人,什么都为家里着想。"一次,母亲叫她做饭,她却少做了一个人的饭。等到吃饭时,她端出头天剩的冷稀饭喝。母亲说:"隔了夜,可能变味了。快倒掉!"她一边稀里呼噜地喝着,一边笑眯眯地说:"没有变味,倒了好可惜啊!"事后母亲对我说:"如果换一个人,就会想,反正我不过是保姆,没有必要帮主人节约什么!淑花完全把自己当成这个家的人了!"这次母亲住院,每到吃饭的时候,母亲就拿五元十元给周姐,让她去打饭,还专门嘱咐她一定要买荤菜。结果几乎每次周姐都只用一块钱买两个包子吃,或者花一块五买一碗饭再加泡菜。我和母亲都"质问"她:"怎么舍不得多花点钱?"她说:"医院的菜好贵呀!"我们继续"质问":"你那么节约干什么?"她依然笑眯眯地说:"没必要花冤枉钱!"母亲对她一顿数落:"你的身体也要紧呀!你不吃好点,身体垮了,怎么照顾我?"我接着说:"就是呀,我母亲要你吃好些,其实是很自私的,因为她是为了让你更有精力照顾她!"可是,到了下顿吃饭,她花钱依然"吝啬"。

按一般的行情,她每月工资不过几百元,但她从不计较。她说:"我没有做什么事,主要是陪着孃孃打牌。"后来,母亲要给她增加工资,她还一推再推——天下竟然有这样"傻"的保姆!虽然后来还是接受了,但她总感到不安。这次母亲刚住进医院,就再次给她增加工钱,她很不意思,只说:"这咋个行呢?"我说:"怎么不行?"周姐多次对我说:"孃孃对我太好了!"我说:"那是因为你太好了!"

我说过,母亲曾经辞退过八个保姆,可见她对保姆之挑剔。但对周姐不但满意,而且依恋得不得了。今年春节,保姆回家团聚,本来说好六天后才来的,可刚过了两天,母亲便忍不住给她打电话了,第一句就是:"淑花,我想你!"说着就流泪了。六天过去了,母亲叫我开车载着她亲自到200多公里之外的乡下去接她——简直就像是去接女儿回家。

她对我母亲同样很依恋。她本来也有老公，还有儿孙，儿女们都希望她回去帮着带孩子。可她不走，对家人说："这里离不开我。"农忙时节，家里又来电话要她回去帮忙，可她说："孃孃身体不好，我咋个能够在这时候走呢？"

母亲的生命之火是在周姐的呵护下慢慢燃尽的。因为咳嗽，很长时间以来，母亲不能躺下。在那个让我心碎的夜晚，母亲终于静静地、安详地，也是永远地躺下了。周姐看到我母亲头下的枕头太薄，便走到床前一只手托起母亲的头，另一只手拿起一个枕头垫在母亲的头下，并俯身对母亲轻声地说："孃孃，你好好睡啊！"

母亲走了，周姐和我一起悲伤。当夜，我对周姐说："如果你想回家，我开车送你回去。如果你想再住一段时间，你就放心地住在这里。这里就是你的家。"她说："我还想在成都找点事做。"我问："你想做什么？"她说："帮人也可以，搞清洁也可以。"我说："好的。那你就在这里住吧！你就是我的姐姐！"

2009 年 11 月 6 日晚

我从这位莫尔道嘎的医生身上，看到了普通人的善良与伟大

我这次随劳模疗养团来到呼伦贝尔，实在是被无边的草原、蜿蜒的小河、湛蓝的天空、飞翔的白云、苍茫的森林……所感染。其实，呼伦贝尔我以前来过的，但真正的美景从来都百看不厌，就像我每天上班都要经过的九眼桥、锦江两岸、望江公园一样。美好的景色，加上美好的心情，我便拍了不少自己比较满意的照片。

然而，我所感到的比风景更美的，是莫尔道嘎一位普通医生的敬业与善良。

几天前，我吃饭不小心把舌头咬了，疼得很，但我没放在心上，因为经常都这样，习惯了，无非疼几天。今天中午吃饭时，牙又不小心把舌头咬了，而且是正咬在还没完全愈合的之前的那个伤口上，我也没在意。可整整一下午，它一直流血不止。我也很奇怪，从来没有过这种情况。但因为一直在大兴安岭森林的各景点中，不可能找诊所处理，只好一大口一大口地吐血。我还戏称，"以后你们再来这里，就会想到，大兴安岭洒满了李镇西的鲜血"。同伴们都很着急，关心我，帮我想各种办法，但无济于事。我们都寄希望于到了晚上住宿的莫尔道嘎小镇再说。

下午五点左右,我们的车终于从森林开到了莫尔道嘎小镇。

导游首先帮我找哪里有医院或诊所,于是就在小镇几条街转,时不时下车打听医院。全车的人其实都累了,都想早点住进酒店,但他们都静静地在车上陪着我找医院。

终于找到一家口腔诊所,但车刚停在这诊所门前,一位医生模样的人正在锁门。导游赶紧跑下去,对他说:"医生,我们这里有一个病人需要您看看!"那位中年男子便重新把门打开。

丁世明校长、魏虹校长等几位劳模陪着我进去了。医生说他也刚从海拉尔出差回来,但看见我便非常热情地问了问情况,又看了看我的口腔。先是说可能要缝针,后来再仔细看了看又说不用,总之他检查得非常仔细认真。在他帮我看的时候,工会的杨凯秀老师一直协助医生,用棉签帮我压着舌头止血。

后来血慢慢止住了,医生又看了看,说不用缝针了,但我上面几个牙太有棱角,尤其是有一颗牙异常锋利,需要磨磨,因为正是这颗牙让我的舌头经常被咬。他决定帮我处理这颗牙。在准备的过程中,他安慰我说不疼,别紧张。可能他怕我紧张,还和我简单聊天,问我是做什么的,我说我是教书的。他说:"哦,是教授啊!"我说:"不是,我就是一位中学教师。"他又问我是从哪里来,我说"成都"。说话间,他拿出器械帮我处理。在磨的过程中,他还不断安慰我。不知不觉中,他把我的那颗牙处理好了。然后又说不用吃药,但需要继续用纱布压着舌头创伤处。他给我开了一些消毒纱布。

我从治疗躺椅上坐了起来,向医生表示感谢,问多少治疗费。他一边取手套一边说:"不收钱!"我说:"那怎么行呢?"他笑着说:"你是老师,又从那么远的地方来,我怎么能收你费呢?"我当然说不行。我身边的同伴们也都说一定要收费,可他坚决不收。我们只好作罢。

但我心里总是过意不去。我问他:"您的孩子在上学吧?"他说:"我女儿读中学。"我说:"好,这样,我回去后给你寄几本有关教育的书,可能对您有一些参考价值,好吗?"他说:"这可以,太好啦!"于是,我们互加微信。这时，我才知道这位普通而让我感动的医生名叫"王立彬"。

晚上，回到房间，收到王医生给我发来的微信："您好！怎么样？没事了吧？"寥寥数语，再次让我感动，他还一直惦记着我。我回复道："太感谢王医生了！现在没事了。"

后来他看我的微信朋友圈，看到了我几天前和初中八七届毕业生30周年聚会的图片，在微信上评论道："1984年9月1日也是我踏进初中的第一天。"我便说："那你大概也是1972年出生的。"他回我："没错，我是1972年的。"于是，我俩之间竟多了一份亲切。

我今天在诊所的经历，讲起来只是一件普通的小事；这个诊所也没有什么名字，我记得就是门口有"口腔科"三个字；这位医生更是一位普通的医生。我不知道这个"口腔科"是公立医院临时搬到这里的一个科室，还是一家私人诊所——无论是哪种情况，这位王医生都让我感动！其实，王医生他肯定认为自己做的不过是一名医生应尽的职责，他没有想过要招揽我这个"回头客"，更不会想到我会写这篇文章。当然，有一点我还是得说说，可能我的"教师"身份让他对我多了几分尊敬，但他并不知道我是所谓"名师""专家"——尽管后来临别时，我的同伴给他说了我的一些情况，但那是已经处理完我的伤口之后。不过，就算我不是教师，凭他的职业良心，无论是国家干部，还是普通老百姓，我相信他都会这样认真善良的。

说实话，我每次去发达国家，比如美国、法国、德国，以及近年去过的澳大利亚、新西兰，深感中国和它们的差距不仅仅是经济上或物质方面的，也在于陌生人彼此的关系。在那些国家，我感到素不相识的普通人（至少是绝大多数）之间是那么亲切有礼；而回到中国，一般来说，除非遇到熟人，陌生人之间是比较有距离感的。所以在这种背景下，陌生人之间（包括各行各业服务者与服务对象之间）的温情就难能可贵了。

我还想说，医生和教师刚好是被这个社会"妖魔化"比较严重的群体。这当然有某些不良媒体片面报道炒作一些极端事件的原因，但也有我们自己的行业确有败类的因素。要改变这种情况，我们每个人都要从自己做起，善待每一个服务对象——比如教师对学生，医生对患者，以此赢得别人的尊重。

  今天，我作为一名教师，在被莫尔道嘎的一位普通的医生感动的同时，看到了呼伦贝尔人的朴实与真诚，更看到了蕴含在普通老百姓身上那种源于人性的善良与伟大。

2017 年 8 月 9 日晚

感谢傅仲德,感谢西藏航空
——笔记本电脑失而复得记

去苏州参加新教育元旦论坛,晚上回到家里,走进书房,准备编辑微信公众号"镇西茶馆"明天推出的新文章,打开出差背的双肩包,我发现居然没有笔记本电脑!我立刻恐慌起来,稍稍回忆,几乎绝望了:笔记本肯定掉在机舱里的座位上了!

我购的是国航机票,但实际上是由西藏航空公司承运的,因为西藏航空和中国国际航空共享航班。从虹桥飞成都的三个小时,我一直在写一篇文章《再看杜郎口——从李炳亭"出事"说起》。飞机下降前美丽的空姐请我关闭电脑时,我刚好写完,习惯性地看字数:8797。虽然有两千多字是引用,但还是很有成就感的。因为我旁边是个空位,我关机后就把笔记本顺手放在那个空位上——后来证明,这是一个很大的错误。然后拿出一本《丁玲传》读了起来。飞机着陆后出机舱时,我背上双肩包就走,完全忘记了笔记本还在旁边的空位上。

肯定是这样的!我心里对自己说。要命的是,这架飞机是从上海飞拉萨,在双流机场仅仅是经停。这就意味着我的笔记本已经随飞机"前往"拉萨了。我再次感到了绝望。绝望中,我的大脑急速旋转——我第一个想到的求助者是邹冰——我 20 年前的学生，他现在在国航工作。我立刻给他打电话。他当时在家里，听了我的诉说，他说如果飞机经停成都，打扫卫生的工作人员拾到乘客丢失的物品会交给机场有关部门的，所以我的笔记本不会被运往拉萨的。"但是，如果是乘客捡到后带走了，那就没办法了！"他说。我说："不会的，不会的，肯定是空姐捡到了。"他说马上帮我问问。

仅仅过了五分钟——对我来说，这五分钟太漫长了。邹冰给回我电话，说："是有个笔记本，在西藏航空调运室，你马上与他们联系，我给你一个电话……"我真是喜出望外，马上根据他给我的电话打了过去。接电话的是一个热情的小伙子，他简单问了问我那笔记本的外貌特征，便说我可以去取。当时我感激的心情真是难以形容，不知道说什么好。我问他："你有孩子吗？"这么突然一问，让他有些意外，愣了一下，他说："我比你小，我明年会有孩子的。"我说："太好了！你有孩子太好了！"旋即我意识到，我这话一定让小伙子莫名其妙了，于是赶紧解释道："我想送你两本书，有关家庭教育的，表达我的感谢！"

半个小时后，我驱车赶到机场，根据小伙子提供的详尽地址，很顺利地走进了他的办公室。虽然一屋子的人，但他很快认出了我，迎上前来。我一看，嗬，这么帅的小伙子啊！他说，空姐看到我的笔记本时，也很着急，说"肯定是那个人的，他在飞机上一直在写作"，然后就把笔记本交到了机场。"我们一直在找失主，绕了好大一圈。我还打电话问了问你买机票的地方，问到了购票人留的手机号，结果打过去那人说我没有丢什么东西。"小伙子说。我笑了："机票不是我买的，是请我去讲课的人在网上买的。"我再次感动：原来在我心急如焚的时候，他们也在为找不到失主而着急啊！

按相关程序，我履行手续填了一个表，写了一个"失物已收到"的声明。小伙子把笔记本交给了我。我看到"旅客遗失物品交接单"上，交接人员和接收人员的签名分别是"柳杨"和"刘倩"。对这两位素不相识的女士，我明天一定要分别给她俩打电话表示感谢，只是我无法向她们当面致谢了。

我拿出《做最好的家长》和《陪你走过 0—6 岁》两本书，问他："您的姓名?"小伙子指了指胸前的金属牌:傅仲德。于是,我分别在两本书的扉页上写道——

傅仲德朋友:
　　非常感谢您!

李镇西
2017年1月3日

我对他说:"这本《做最好的家长》是我十多年前写的,反响很好,影响很大,一直在重印,你可作为参考。还有这本《陪你走过0—6岁》,对你可能会有用。"他接过书,很高兴地说:"我们真是有缘!我一定好好拜读。"

我问他:"可以和你合个影吗?我一定要写篇文章发到微信上感谢你!"他说:"当然可以。"于是,我把手机交给办公室的一位女士,请她为我和英俊的傅仲德拍了一张合影。

告别了小伙子,我在驱车回家的路上,心里一直很愉快。虽然窗外雾霭重重,但心中却晴空万里。不一会儿,收到傅仲德的手机短信:"李老师,我是西藏航空的傅仲德。谢谢您的赠书,我回家一定好好拜读!真的是特别有缘分。如果您以后坐飞机再遇到问题,可以联系我,我一定尽我所能!"我在一个等红灯的路口匆匆回复他:"谢谢!加个微信吧!"我把我的微信号发给了他。

然后,我给邹冰打了个电话:"邹冰,笔记本已经取到了。谢谢你啊!"邹冰说:"不用谢!"我说:"今天上午我作报告还讲你的故事呢!讲你当时的调皮和后来的进步。当我在PPT上打出我和你的合影时,老师们看到长大后的你,都给你鼓掌呢!我还播放了20年前央视的那个节目视频,里面有我俩摔跤的场面。"邹冰说他没有这个视频,叫我通过微信发给他。我说:"那么大的文件,微信哪发得过去呀!下次聚会的时候你带个优盘来,我拷给你。"他说:"是呀!李老师,我们好久没有见面了。约个时间聚聚!"

此刻，想到今晚的经历，很是感慨。我当然要感谢邹冰，如果不是他，我不会那么快就知道笔记本的下落，也许我还会揪心很久；我也要感谢傅仲德，如果不是他，我也许不会那么及时顺利地取到笔记本，说不定得等到明天呢！但其实，邹冰不过是出于对"李老师"的尊敬而行举手之劳打了个电话，而傅仲德不过是出于善良的本性和对工作的敬业而做了他认为应该做的事，我相信和我素不相识的他，对其他失主也会这么认真热情的。对此，我似乎不应该这么感动，但我为什么就是这么感动，而且还如此"小题大做"地写文章发微信呢？那是因为现在我们国家、我们社会有些部门的有些人并没有像空姐和傅仲德那么敬业，那么真正把乘客放在心上。

因此，我的感动，恰恰是对许多部门的不满，是对一种职业精神的呼唤。想想我两个月前那次乘坐从北京到杭州的高铁，下车时我把一件外套丢在车厢的行李架上了（那天也是因为很投入地写了一篇长文，可见以后不能在车上、飞机上写文章了），等我下车意识到外套被丢在了车上时，火车已经开出了，终点站是宁波。当晚我在网上查到宁波站的服务热线电话号码，不停地拨了至少十遍，可这个号称"24小时热线"的电话就是没人接！再后来我托宁波的朋友去车站打听，结果还是没有结果！我不相信一件外套会蒸发，如果车厢的乘务员和车站有关部门稍微有点责任心，我那件外套也会如今天这个笔记本一样失而复得的。那天在淮安机场，工作人员对我说："目前出行的交通工具中，安全性最高的还是飞机！"我今天要说："交通出行，服务质量最高的还是飞机！"

感谢邹冰，感谢傅仲德，感谢柳杨，感谢刘倩，感谢西藏航空！

2017年1月3日

一位陌生的小伙子,却让我感受到这个社会的光亮与暖意

清明节假期的前一天,我准备做课件,习惯性地掏了掏衣兜——我常用的讲学优盘总是放在我的上衣口袋里,但掏了半天却一无所获。

是掉哪儿了?我脑子里马上开始急速旋转——还插在办公室的电脑上没取?掉在写字台上了?丢在家里了?或是放在每天上班背的双肩包里?还是我的身上哪个旮旯处?……

我马上打电话问办公室的茜媛老师,请她帮我找找,结果没有。调皮的茜媛"怕"我不相信,还用手机拍了电脑、办公桌、椅子、地面……一一从微信上发给我看,证明办公室绝对没有优盘。

我又搜了全身的每一个衣兜和裤子的口袋,仔细翻了翻双肩包的每一个小袋,在家也找了所有我能想到的地方,结论都是一个:没有!

其实,优盘里所有讲课的PPT等资料我都有备份。按说我不用着急,找不到就算了呗!但毕竟这个优盘小巧玲珑,外出讲学非常方便,所以,丢了还是有一些惋惜。

几天过去了,我渐渐忘记了丢优盘的事。今天傍晚,我在公交车上和一位远方的朋友通电话,通了很久。中途,不断有一个陌生电话打进来,我没管

它，继续和朋友通话；但过了一会儿，这个电话又顽强地打进来，如是者三乃至四五。我感到这个电话可能有些不寻常，便和朋友中断了通话，然后给那个陌生电话打了过去："喂，请问哪位？"

"是李镇西老师吗？"一个陌生的声音。

"对，我是李镇西。"我说。

"你是不是掉了一个优盘？"

我一惊："是呀！前几天掉的。"

对方说："我在街上拾到了，什么时候给您送过去？"

那一刻我很感动："谢谢！"

我们约定了碰头地点，他说他都在下班的回家路上了，但可以骑电瓶车赶到。

十多分钟后，我到达约定地点，便给他打电话。拨通之后，我看到不远处一个小伙子，跨在电瓶车上看手机。他回头看我在打电话，便向我招手。

一个非常淳朴的小伙子，脸上露出非常善良的笑容。他拿出优盘给我，说："我是清明节前一天捡到的。放假三天，我就回老家了。今天上班，我一下想起这优盘。我看到了里面的资料，知道您是老师，估计您着急。"

我很奇怪地问他："你怎么知道我的手机号的呢？"

他说："里面有您的资料啊！"

他又说："不知我捡着之前还有没有人看过，建议您把有关信息改了。"

他还在为我着想。

我不住地说："谢谢！谢谢您！"

他一边说："没事儿！"一边要匆匆骑车离去。

我说："留个姓名吧，我把你的手机号存起来，我们就是朋友了！"

"我叫马景豪。"他给我说了他的名字。

我又说："我这个号码就是我的微信号，一会儿你加我微信吧！"

"好，一会儿我加您微信！"说着说着，他渐渐远去了。

晚上，我们互加微信，像老朋友一样聊了起来。原来，他捡到优盘后打开看了资料，觉得这些资料很重要。他说，他以前掉过资料，所以怕我着急，便急于跟我联系。

聊天中，我知道小马在一家公司上班。我说，我遇到你真是运气。他说："缘分啊！"我又说："善良，诚实，这是我经常给学生讲的，你做到了。"我从微信上转给他一笔酬谢金，可他怎么也不收，说："小事啊！不算什么的。"

他又说欢迎我去吃面，因为他爸爸妈妈是开面馆的。我说："我最喜欢吃面了！以后我天天去吃。我一定去告诉你爸爸妈妈，他们有一个多么善良的儿子！"我问："你爸爸妈妈的面馆在哪里？"他说："莲花北路138号重庆鸡汤铺盖面。"我说："好，我在微信上给你打广告。"

在微信上和小马说了"再见"，我便上街去找"莲花北路138号的重庆鸡汤铺盖面"。晚上看不清楚门牌号，我一个铺面一个铺面地找，终于找到了。一家不大的小店，老板夫妇还在忙着。老板在灶前煮面，老板娘在招呼客人。我想到了《一碗清汤荞麦面》。

老板娘热情地问我吃什么面。我看了看墙上：牛肉面、鸡杂面、杂酱面、肥肠面、铺盖面……品种还不少。我说："二两铺盖面。"

"好嘞！"老板娘请我里面坐。

我说："我是专门来吃这碗面的。你的儿子很优秀，今天我才认识……"

我话还没说完，她就大叫："哎呀，你就是李老师！刚才我儿子还在这里吃饭，他说起这件事，你们真的是有缘分啊！他刚走。"

说着，她拿出手机拨通了号："快回来，李老师来了！"

我说："你们培养了一个好儿子啊！"

她说："应该的。就怕人家掉了东西着急啊！"

没有高大上的豪言壮语，只有这朴素的言语。

不一会儿，小马回来了，和我热情地聊天。她母亲端来了热气腾腾的面。本来我要的是红汤杂酱面，但她说："我们这面，吃清汤最好。"

我吃了第一口，就感觉真的不错。我说："我特别喜欢吃面，以后我每天都来吃！"

一碗特别可口的面，一份特别暖心的情。

吃完面，他们居然不收我的钱。我正色道："如果不收钱，我以后不来吃了！"

小马说："那打个折。"

我说："不打！该收多少就收多少。"

说实话，因为备了份，所以这优盘对我并不十分重要；但马景豪的品格让我感动，他主动跟我联系，并主动给我送来，这份朴素的高尚很重要！我由此收获了一份纯真的友情，这很重要！

以后我能够报答的，就是多多去他爸爸妈妈开的面馆吃面。

我问小马母亲："那边莲桂西路也有一家'重庆鸡汤铺盖面'的店子，和你们有关系吗？"

她说："和我们没有关系，我们就这一家。"

我懂了：以后我就认定九眼桥附近挨着宏济新路的"莲花北路138号"这家重庆鸡汤铺盖面！

茫茫人海，因为一个小小的优盘，我和素不相识的小马成为真诚的朋友，这是多大的缘分！

我再次想到了给我理发的胥师傅和他的女儿，想到了曾经帮我在飞机上找回笔记本电脑的傅仲德、柳杨和刘倩，想到了曾经服侍过我母亲的周姐，想到了我打车遇到过的善良的罗师傅，想到了楼下五金店的小苏，想到了小区附近补鞋的那个我至今不知道姓什么的师傅……他们既不是"人大代表"，也不是"政协委员"，更不是"明星大腕"，我们的媒体很少会有关于他们的文字，电视台的节目也很少会有他们的形象。但是，但是——他们才是我们国家顶天立地的主人，是我们民族默默无闻的脊梁！

其实，什么"国家"，什么"民族"，什么"主人"，什么"脊梁"……小伙子马景豪根本没想那么多。也许在他看来，这无非就是举手之劳，无非就是怕失主着急，无非就是一种本能地"替别人着想"，但是这种蕴含在千千万万普通老百姓中的源于人性的善良和诚信，就是最具体的"社会主义核心价值观"——虽然小马和他的父母未必能够背诵那 24 个字,但正是每一个胥师傅、每一个小马、每一个周姐、每一个傅仲德、每一个柳杨和刘倩、每一个罗师傅、每一个小苏……都用行动诠释了它。

最近,成都的天空总是阴霾密布,但这个小伙子却让我感到了光亮。

2017 年 4 月 5 日

今天，我的手机丢了

一

不必故弄玄虚，我先说结果：手机找到了。但找到的过程，值得一说。

中午，请几个学生去某商城吃饭，点了菜，我出去"方便"，走了一段路、拐了几个弯才找到洗手间。结束后，回来和学生一边吃一边聊，大概过了半个小时，我突然想到手机！浑身摸遍，没有。

想了想，刚才是我点的菜，微信支付时还用过手机的，那么，手机只可能是在洗手间丢的。我仔细回忆了一下，好像当时我是把手机放在便池上的一个置物台上，估计是离开时忘记拿了。

我赶紧走出餐馆前往洗手间，一路小跑，但觉得找到的希望不大。我当时想到，前年在丹麦时，曾看到洗手间的公共盥洗池旁放着一枚戒指；后来当地华人告诉我，如果谁捡拾了别人丢的物品，都会放在原处，或醒目处，让失主回来取，其他人都不会拿的，大家都习惯了。

但当我一路小跑时，还是幻想，万一我的手机还放在原处呢？万一呢？

结果，进了洗手间一看，没有"万一"。

在回餐厅的路上，我的心情非常糟糕……

二

几个学生知道我掉了手机，好像比我还着急。两个女生拨打我的手机，然后都说："通了，没人接。"

这是什么情况？拨通了，那说明手机还没人动过，但我刚才去洗手间分明没有发现啊！但既然手机已经被人拿走了，为什么又没关机呢？

大家叽叽喳喳议论着，帮我分析。还有学生去前台点餐处帮我找。

我想，不管怎样是找不回来了，只好重新买个手机了。这个手机上有中国电信和中国移动两个卡，我得马上去重新办新卡。哎呀，麻烦死了！

就在这时，邻桌一位个子高高的、帅帅的小伙子走过来，问我："请问，是您丢了手机吗？"

我点头："是呀！"

"是蓝色壳子，华为？"他进一步核实道。

"是的，是的！"我感到绝处逢生，心怦怦直跳。

他转身从他就餐的桌上拿起一部手机，递给我："是这个吧？"

我欣喜若狂，接过手机，直说："谢谢，太感谢了！"

他微笑着说："没什么，应该的。"

我看他桌旁有一个幼小的孩子，还有一位漂亮的年轻妈妈——想必就是他的妻子了。

三

他说："我去洗手间看到手机，最初想过不拿，等失主自己回来拿，但我联想到自己曾丢手机的经历，便担心会有人拿走不还，而手机放在我这里就会避免这些风险，因为现在手机的意义跟早几年相比对于我们来说根本不是一回事了，于是我就把手机拿走了。"

我问："你也丢过手机？"

他说："是的，我也有过在厕所丢手机的经历，但是再回去却没有找回来，我担心这一点才给您拿走放在我这儿。我没想过交给商场。我出去点餐的工夫回来看到有未接电话的号码，也没法回过去，因为你设置了指纹密码。正巧听到您的学生到前台找手机，但我看是个女孩，而手机明显是个男士的，我就先没声张。正巧您回来在说丢手机的事，我猜测失主应该是您，所以就上前询问了，也是让您先说下丢失手机的特征才敢给您的。"

他说，他相信会找到我，"我想失主应该会给自己的手机打电话，我就会通过手机联系到失主。我没想过失主不会给自己的手机打电话，因为我留意了这个手机还有一半电"。

多么细心！

四

我觉得今天这件事是个奇迹，而这奇迹的产生是因为有太多的偶然：第一，刚好有这么一个善良的小伙子；第二，刚好他和我在同一个餐馆吃饭；第三，刚好他又坐我邻桌，听见了我们在找手机。设想一下，如果我不是遇到这么一个善良的小伙子，如果他不是刚好和我在一个餐馆吃饭，即使想归还失主也比较困难；或者就算在同一餐馆用餐却相隔较远，他要找到我，也不是那么容易。

然而，一切都那么"凑巧"，于是我的手机在短时间内——前后就半个多小时，便失而复得。

我打开手机微信，对他说："加个微信吧！"

其实，我的微信好友早就满了5000人上限，已经加不进去了，但这位朋友一定要加！我删除了一个基本上没有联系的"朋友"，准备加他。

"请问姓名？"我问他。

"张子昂。"他说。

我乐了:"子昂啊,果真'前不见古人,后不见来者'……"

我这话当然是夸张的调侃。拾金不昧者,"古人"显然更多,也不可能没有"来者"。但现在不多,这是事实。

五

我非常感谢张子昂,但不想"上纲上线"地把这件事说成是多么"崇高"的正能量(再说一遍,我一直很反感这个词)。我相信子昂他这样做不过是善良的天性使然,他不会想那么多。以前,他丢过手机却没有找回,就能理解丢失手机者焦灼沮丧的心情,于是,今天他不希望丢手机的我有他当时的焦灼沮丧和无法挽回的损失——所谓"将心比心"。

当然,也有这样的人,自己丢了手机没有找回,便可能迁怒于素不相识的"他人",于是捡了手机便据为己有,还心安理得地想:"我上次丢手机都没有遇过雷锋,凭什么要我学雷锋?"

我也不愿没有依据地说"还是好人多",但我坚信,在人们感叹"世风日下"的今天,子昂绝非个别。这是我对这个社会还抱有一点信心的原因所在。

我在微信上再次感谢子昂,他回复:"莫再言谢,举手之劳。"

我们每一个人,其实都可以用无数这样点点滴滴的"举手之劳",给其他人带去对我们社会的信心。

2020 年 1 月 12 日

头发是假的，爱心是真的

前段时间，一位网友在"镇西茶馆"留言，说想为我做一个"补发片"，以弥补我脱发之遗憾，遮盖我头顶的光亮（这不是她的原话，但意思是这个）。

她叫阿梅，是成都一家假发店的经营者。我很奇怪，阿梅不是教师，怎么会关心我的"镇西茶馆"，关心我的头发？

她说，她孩子读小学时，班主任向家长们推荐我的书和我的微信公众号，于是，几年来，她坚持读我的文章，成了我的忠实读者。

阿梅怕我有误解，特别声明："绝不要你为我做广告，我就是真诚地想为您做点什么。"

她说，她读过我写理发师傅的文章《胥师傅》，一方面被胥师傅感动，另一方面也觉得我经常跑那么远去理发，太麻烦了。想到我很忙，如果有了"补发片"，就可以节省很多时间。

我相信她的真诚。生活总是对我如此厚爱，经常遇到原本素不相识的人关心我，但阿梅的好心，却违背了我的想法——绝不戴假发套。

随着年龄的增长，年轻时瀑布般的青丝日渐稀疏，头顶最后竟然成了"智慧的广场"！也有朋友劝过我做一个假发套，"你经常出席重要场合，临时戴戴也可以的"，但我坚决不接受。我说："我一辈子都痛恨假的，居然自己还要顶着假发过日子吗？"

有一次，我和我的高中班主任张老师聊起这个话题，再次重申我"一个真发"的原则立场。张老师问我："那你以后安不安装假牙呢？"

"这……"我张口结舌，因为我心虚：其实我的嘴里早已有一颗假牙了。只是我安慰自己，没牙我无法吃东西，就无法活着，但不戴假发不妨碍我生活呀！

于是，我任凭头顶的光亮日益灿烂，差点照亮全世界。

这次阿梅的好心和劝说，让我有些动心了。我说："我看看再说吧！"

于是，一周前，我去了三道街阿梅的店子，那是一条小巷口被金黄的银杏叶掩映着的小店。我想，这应该是成都最美的假发店了吧！

店里只有一位坐在镜子前的客人，而美丽的女店主正热情地忙碌着。我想，她应该就是阿梅了。

阿梅见我来了，抱歉地说："李老师，您先坐坐，这儿快结束了。"

几分钟后，那位客人走了。阿梅拿出一个初步做好但还没有最后定型的发套，我一看，还真不错！

一戴，挺合适的。

她说："我研究了你的许多照片，包括您年轻时的照片，所以估计应该合适。"

原来，她竟然在网上搜集了我的许多照片，研究我的头和头发，真让我感动！

不过，我说："不是说是'补发片'吗？怎么还是头套呢？"

她解释说，我的头型和发型不适合做补发片，还是戴头套比较好。

如此热心，如此用心，我怎么忍心拒绝？

于是，我答应了。

阿梅很高兴，好像自己的一桩心愿终于实现了一般。

"还得细加工，所以过段时间还得麻烦您跑一趟来取！"她有些抱歉地说。

离开了阿梅的店子，我想，以后我也不会常戴，偶尔有重要活动戴一戴就可以了。

比如，"中国教育三十人论坛"显然是一个非常重要的活动，和诺贝尔奖得主同台演讲，我不知道还有什么比这更重要的活动。

因为今天就要动身去北京，于是昨天傍晚，我特意再去了阿梅的店。

她拿出已经做好的头套，比上次看到的更精致、更逼真了。戴上去，完全看不出是假发。

然后，她一遍遍教我如何戴，如何保护，不厌其烦。戴假发套，其实是个技术活，虽然不过就是简单几个动作，但如果做不好，戴在头上就很别扭。必须多戴，熟能生巧。

最后，我付钱时，她不收。我说："怎么可能？那我就不要了。"

经过"讨价还价"，她只收了我成本价。

我戴着回了家，但心里一直还是不踏实。坐在书房里自拍了一张，虽然看上去很年轻，但毕竟是假发，熟悉我的人，肯定觉得不自然。

而且，如果我偶尔戴，必然不会"熟能生巧"，戴的技术不熟练，戴在头上弄巧成拙。那就一直戴吧！可天天顶着假发，多难受！

我想，我这一辈子，最痛恨假的东西，可自己居然每天都顶着一头假发走来走去，这不是讽刺吗？

我又想，虽然我的头发日渐稀少，但怕什么，头发不多，每一根都是真的！

几乎想了一个晚上，今天早晨我给阿梅发微信："不好意思，想来想去，还是不戴假发了。大家都习惯我现在这样，我就顺其自然吧！很内疚，辜负你一片好心，浪费你那么多精力。但对你我永远感恩！"

阿梅回复我："没关系！内疚的是我，辜负您的期待。"

上午，赶紧去理发店请胥师傅给我理发。在他女儿小胥的精心剪吹下，我的头发又恢复了勃勃生机。虽然不多，但每一根都是我的。

此刻，我在候机室写这篇文章，心里一直荡漾着暖意。

虽然我最终没接受阿梅的假发套，但我结识了一位非常善良的朋友，很值！

她给我的头发是假的，但表达的爱心却是真的！

谢谢你，阿梅！

她的银杏树下的假发店，无疑是成都最美的小店。

2020 年 12 月 11 日中午

于双流机场候机室

十元温馨与十分遗憾

早晨,我背着重重的双肩包准备去机场,先坐二环高架公交车,再转地铁。

在街边,一位老人(其实比我大不了几岁)向我招手,我停下。他满面愁容,说自己身上没有钱了,想回双流。"我想向你要两块钱,就两块,好坐公交车回家……"他嗫嚅着,显然非常难为情。

只要两块钱的老人,显然不会是骗子。我非常想帮他,但我说:"不好意思,我没有现金,现在都是微信支付,我只有微信里有钱……"

他就不说话了,两眼茫然无助地四下张望,好像在寻求其他可以帮助自己的路人。

我走了两步,心里不安,总觉得对不住他。这么想着,便经过一个超市。于是,我进了超市,问收银员:"能不能给我几块钱的现金,我用微信支付还您?"她说不行。

怎么办呢?我正在着急,突然看到我们武侯区教科院的一位女老师正在买东西,我就对她说:"能不能借给我十元钱?"我简单说明了原因,她毫不犹豫掏了十元钱递给我。

我说:"谢谢您!我用微信还您。"她说:"不用不用,李老师,您太客气了!"

我赶紧走出超市找那位老人,他居然还在那里。我说:"我找到现金了!"我一边说,一边把那十元钱交给老大爷,他却说:"刚才一位师傅已经给了我两块钱了!"他谢谢我,然后手里捏着两元纸币朝公交车站走去。

我马上回到超市把钱还给了那位老师,然后继续匆匆朝二环高架公交站走去。

我突然又转身追上那位老师:"对不起啊,我对你很面熟,但叫不出你名字,请问……"

她说:"我叫周玲,中学所的。"

我说:"您这么善良,我一定要记住您的名字!"

这种举手之劳的温馨,让我心里也很温馨。

在公交车里,那位老人向我"讨"两元钱时的愁容在我脑海里久久挥之不去。

我想:70岁以上的老人能否免费坐公交车?那些临时有特殊困难的人能否免费坐公交车?

我知道全国几乎所有城市都有60岁或70岁以上的人免费进公园或免费坐公交的优惠政策,但都得凭老年证、优惠证之类。成都也有老年证。我相信那位老人也有这样的证,可是当时他忘记带了,于是便很尴尬了。一个七旬老人,因为没零钱或没带证而在街头"乞讨",确实令人心酸。

我的意思是,要什么证啊?老人直接上车。满脸的沧桑还需拿出是70岁或69岁的证明吗?不就是两元钱吗?

虽然刚才有十元温馨,但我想到这里,却感到十分遗憾。

我在微信朋友圈说了这件事,一位朋友留言说了她的一段类似经历——

大概是2003年吧,武侯祠搞了一个"把雪搬到成都锦里"的活动,我年近80岁的婆婆妈,白发苍苍的,却是差点进不去现场。虽然主办方明明说了，60岁以上的老人凭身份证免费参观，可我婆婆妈就是进不去。因为没带身份证！一位农村老人，哪有随身携带身份证的习惯呢？好说歹说，人家都只认身份证。于是，我那不服气的性子上来了，说："你好好看看我们这位老人，她满脸褶子，白发苍苍，还瞎着一只眼，这不是活生生的身份证吗？"工作人员顿时也懵了，但怎么都不松口让我婆婆妈进去。我马上说："这样，叫你们领导来，让他看看，这位老人辛苦一辈子，快80岁的人，还非得出示身份证才能证明她已超过60岁？！"他们也无语。还好，他们也真的叫来了管事的，管事的可能也的确觉得我们没撒谎吧，倒也让老人免费进去参观了。

我教的第一届学生（未来班）有一个很优秀的叫刘春华，他是成都市的一名公交车司机。我说他"优秀"并非他当年考上了大学或后来当了什么大官，而是他很有爱心。在拙著《教育的100种可能》中，我专门写了他几十年的人生故事。他对我说："我经常会遇到一些老人没带钱，也没带什么证件，但我不会为难他，而是让他直接上车。"

其实，这样的公交车司机也不少，但这毕竟只是公交车司机个人爱心的表现，严格说起来，是"违规"的。我希望从制度上就可以保证：只要是老人，无条件直接上公交车。

我想，如果我们社会的每一个细节都能为老人和弱者考虑，类似"十元温馨"的故事就不会发生了，这样的"十分遗憾"也不会有了。

2021年6月7日

我的无人机师父

就像中国大妈现在的标配已经不只是红纱巾，还应该有墨镜和帽子一样，中国大爷的标配也不只是单反了，还应该有无人机。比如我。

熟悉我的朋友知道，我的朋友圈这几年航拍的图片多了起来：川西高原、桂林山水、泸沽湖、天柱山、扬州瘦西湖、新疆大峡谷……都在我俯瞰的镜头中。虽然我的水平还很稚嫩，但看这些照片和视频，至少会让你感觉和我一起在天上飞翔。

成都的天大多阴沉，但上周整整六天都是艳阳高照。正逢成都平原锦绣如花的季节，连续七天，我开着车每天早出晚归，用单反和无人机将成都郊外大片大片的油菜花一网打尽。

2019年4月底，我在朋友的撺掇下从网上买了一个约六千块钱的无人机。开始时我还担心自己的智商玩不转这个东西，没想到第一次放飞，就觉得太简单了，至少比学单反相机容易多了！

记得第一次比较冒险的航拍，是在安徽天柱山。站在一个孤峰上，四周都是万丈深渊，我居然就敢放无人机，而且还收回来了。说真话，如果放到现在，我是不敢的。那一次，我从镜头上看到俯瞰视野下的名山，心中满满都是成就感。

后来，我可以说是放飞无人机上瘾了，但人在得意时很容易忘形。2019年端午节，我在川西的红原草原放飞无人机时，突刮大风，且伴随大雨。眼看着无人机在天上被狂风刮走，就像看着自己几个月大的孩子被人贩子抢走了一样，我简直要哭了。一夜无眠，听着窗外的雨声，想象着无人机在某地被雨水淋透，我说不出的难受。结果，第二天一早，女儿居然在两公里以外的树丛中找到了！

它只是掉了一个小小的配件。虽然不影响飞翔和拍照，但总觉得是遗憾。回成都后，我到跳伞塔数码广场一个销售无人机的柜台上咨询。接待我的是一个小伙子，娃娃脸，看上去是个90后。他不像其他柜台的经销者，不停地拦着来回的行人招揽生意——很让人烦，而是在柜台里接待顾客。本来我的无人机并不是在他这里买的，但他却很热情地接待了我。虽然他那里也没有那个配件，而且他说，那个配件几乎是不可能单独卖的，也就是说，我缺失的配件是很难配上的，但他依然说帮我注意一下，有了就通知我。

几分钟的时间，我对他产生了很好的印象：朴实，真诚。临分别时，他加了我的微信，说如果使用无人机有任何问题需要他帮忙的，随时联系他。

回家的路上，我想，我没在他那里买无人机，对我的售后服务并非他的业务，更不是他的义务。在和他聊的时候，他也没给我推销任何无人机的附件。这是一个很实在的年轻人。

后来，我果真时不时通过微信请教他。比如去年春天我在两河村拍油菜花，无人机突然飞不上去了。我赶紧给他打电话，电话那头的声音表示他好像还没起床——估计昨晚熬夜了，但他依然很耐心地给我作了指点。问题很快解决了，无人机飞上天了。

类似的情况太多太多，因为我笨，问题自然多，他也就不断被我"骚扰"，真是对不住他了。但他从来都十分耐心地给我解答。有一次我在微信上说想要买一个储存卡，他说可以给我送来，问我住哪里。我有些吃惊：他柜台上那么忙，居然为了一个小小的储存卡，就专门跑一趟给我送过来！我问他：

"你开车吗?"他说:"赶公交车。"我很感动,说:"不用了,我去你那里取。"

我很想帮他做点什么,便问他,是否需要我在我的公众号上帮他宣传一下。他问我:"如果有成单,不知你这边有没有什么要求。"

我愣住了:"我不懂什么叫'成单',你说的我也不明白。"

他给我解释:"就是你介绍给我的客户在我手上成单了。"

我恍然大悟,原来他以为我要"提成"。我连忙说:"我只是推荐,绝不要'提成'。你不要误解我有什么利益动机,绝不可能!我就是纯粹帮忙。你那么热心的一个年轻人,如果我能用我的微信帮你,我非常愿意。"

他说:"我知道了。非常感谢你!"

我又说:"你还不了解我,可以理解。现在的社会,人与人之间很多时候是利益关系,所以说缺乏真诚的信任。"

他也给我解释说:"我们做久了,总会遇到这种事情,我都是事先了解清楚,免得事后说,请你见谅。"

我说:"我是当老师的,教育学生要善良,我自己却不善良,说不过去。"

他说:"明白了。老师有这个心我就很感谢了,可能你是我生命中的贵人。"

就这样,我们成了忘年交。

飞了两年无人机,我感觉有些功能已经不能满足我,便想更新换代。我主动找到他,在他那里用我的旧无人机以旧换新实现"升级"。新的无人机八千元,我的旧机器折价两千元,等于还是只花费了六千元,但无人机却上了档次。

我航拍的频率越来越高,遇到的困难自然越来越多,所以我经常通过电话或微信请教他。他一如既往不厌其烦地帮助我。那天早晨,我给他打电话,说又遇到几个有关小技巧的问题,想去当面请教他。他本来说过来找我,但又说他那里放无人机比较方便,可以一边放一边教。我问何时方便,他说十点半吧,后来担心我的时间不方便,又说九点多也行。

第二天我开车到他的住处时才九点多,他赶紧下来,我看他头发乱蓬蓬的，好像是刚起床，感觉很过意不去，他却说"没事的，没事的"。他接过无人机，给我详细讲了几个小技巧，并手把手教我飞。他还给我推荐了编辑小视频的 App "剪映"，说这个功能强，又易学，还免费。

在他的帮助下，我都觉得自己越来越聪明了。

是的。虽然我觉得空中拍摄并不能取代地面拍摄，但空中拍摄有地面不可取代的优势。好多景物只有在空中借助"上帝的视角"才能发现其雄伟壮观。比如，成都平原一望无际的油菜花，在地上拍，无论如何是拍不出"锦绣大地"的气势的。还有，当我拍扬州瘦西湖、桂林山水和泸沽湖时，虽然我是站在地上，但看着遥控器中的画面，总觉得自己正在空中飞翔，"背负青天朝下看"，那种感觉是单反所不能带给我的。

许多人问我，无人机好不好学？我非常坦率地回答："远比单反相机简单。"确实如此。无人机的智能化（其实就是"傻瓜化"）程度远远高于单反相机。不用你对焦距，不用你设光圈，一切都是自动的。只要你把它飞上去就可以了。而飞上去，几分钟就可以学会。

最关键的是手指拨动遥控杆的速度、方向必须熟练而从容，这是最难的，不过还是那四个字——熟能生巧。

大家想想，连我这么笨的人，都能用无人机拍出大片，你难道比我还笨？

当然，我这得感谢他——突然想到，写到这里，连他的姓名我都还没介绍。第一次见面他就说他姓任，让我叫他"小任"。那几天我才问他叫什么名字，他说："任平。"我说："啊，原来是我的博导啊！因为我读博时，为我上课的一位博导就叫任平呢！你是我的老师呢！是我的师父！"

他知道我开玩笑的，说："还是叫小任就可以了。"

但在飞无人机这件事上，小任当之无愧是我的师父。

这么多年来，我结识了许多普通的劳动者，他们原本和我素不相识，因为"服务"，我们成了好朋友。比如我在"镇西茶馆"讲过的那位理发师傅，还有内蒙古莫尔道嘎那位牙科医生，还有面馆那位小伙子，还有小区外面那位贴膜小哥，还有楼下修鞋的师傅……他们每天都在为自己的生活而辛劳，也把温暖送给许多素不相识的人。我没有理由不尊重他们！

小任也是如此。现在的年轻人不容易，生活环境不好，生存压力很大，我想，如果我能帮助他一点点，也算是我对他帮助我的报答。

这也就是我写这篇文章的原因。我不讳言，今天的文章有广告色彩，但这个广告是我发自内心愿意写的，而且是免费的。

我明确给小任说："我在我的'镇西茶馆'帮你做个广告吧！你把相关信息发给我。"他有些不好意思，不住地说："谢谢李老师！"

晚上，他发给了我几张图，里面有不同档次的无人机的性能等。我附在文章后面，感兴趣的朋友可以看看。

也许朋友很关心价格。这个不好一概而论，因为档次不同，性能有别，价格自然不一样。这样说吧，便宜的三四千元，基本功能是有的，特别适合初学者。我入门的无人机六千多元，练了两年手，便以旧换新。现在的无人机我觉得很不错，原价是八千元。当然也有一万多、两万的。

如果你看了我的航拍照片和小视频，有所动心，不妨找小任。至少货真价实有诚信，我可以担保。

对了，如果是在成都市内，他可以包送到家，外地的，则包邮。

我希望，在我们国家、我们社会，每一个善良勤劳的好人都能靠自己的人品和技能过上好日子。

2022 年 3 月 14 日

楼下街边的贴膜小哥，你可能似曾相识

最近放无人机发现一个问题，用作遥控板的手机屏幕在强烈的阳光下经常变暗，结果我就成了"盲飞"，那还得了！我估计是手机膜的原因。于是，吃了晚饭便下楼，去找那个贴膜小哥。嘿，他果真在那摊位上坐着呢！

不知有多少年了，每天傍晚，是的，每天傍晚，小伙子都会在街边人行道上忙碌着。他的摊位不大，堆满了各种贴膜材料。一盏台灯照着他，他低头认真地贴膜。他的摊位旁边是许多家餐馆和水果店。傍晚出来散步的人很多，但来来往往的行人和嘈杂的环境，一点都不影响他的专心致志。看上去，他就像科学家在潜心搞研究。

他看到我，微笑点头，说："手机怎么了？"我说："我想换个膜。"他拿过去看了看，说："不是好好的吗？没必要换啊！"

我想，有这样做生意的吗？居然劝顾客不要换膜。

我解释道："我最近放无人机，感觉在阳光下手机屏幕太暗了，我想换成一般的膜，不要蓝光的那种膜。"

"哦，明白了。"他接过手机，开始给我换。

这时来了个小伙子，说想换一种比较高级的膜，问价格。贴膜小哥说：

"那个价格很高,五十九元,但你没必要,换个中等的吧,十几二十元就可以了,质量很好的。"

说话间,从餐厅过来了一个围着围裙的大婶,说:"把你的刀片借给我用用,一会儿就还你。"

小哥正在用刀片小心翼翼地帮我贴膜,他把手上的刀片递给大婶,说:"我给你吧!你不用还了。"

大婶一愣:"不还了?这刀片还是新的嘛!"

小哥说:"是的,我刚刚拆封的,但我这里刀片多得很,你如果把这刀片弄掉了,还可以来找我要。"

看来他们之间很熟悉了。

虽然多次找他贴膜——至少十年来,我只要换手机都找他贴膜,但从来没有和他细聊过。今天我特意问了问他的一些"隐私"。

我问他每个月的收入大概多少,他说:"疫情前,每个月六七千是没问题的;疫情后,每个月有五六千。"他强调了一下:"比上班强多了。"

我又问:"你每天傍晚才来摆摊,白天还有其他工作吗?"

"有的。"他说,"白天我在家修手机。贴膜只是我的一项工作,我还要修手机,有时候我也要上门修手机的。"

"这么能干啊!"我说,"你是在专业的培训学校里学过修手机吗?"

他笑了:"没有,我是自己琢磨摆弄,慢慢就会了。为了学修手机,我赔了不少钱呢!"

我没听明白:"赔什么钱?"

他说:"我最初接活儿,先给顾客说好,如果修坏了,我按原价赔偿。结果,我赔了好多手机呢!后来我就学会了修手机,再也没赔过手机钱了。"

我笑了:"你没进过学校,但这也算是你付的学费。"

他说:"是的,我就是这样想的。"

我又问:"你的学历是……"

他有些不好意思:"初中毕业。"他又补充:"其实我读过高中,但没读完,就被学校……"

我问："为什么？"

他说："我太调皮了。"

我不好往深处问了，但我知道，他当年在学校应该是一个"后进生"。然而，当年这么一个"后进生"，现在自食其力，并给周围的人带去方便，这不也很好吗？我说："你手机修得这么好，贴膜也很专业啊！"

"我本来就喜欢动手搞这些。"他一边贴膜，一边回答我。

"能不能这样理解，你本来就喜欢摆弄这些玩意儿，就算你的职业不是修手机，你在业余时间也会找些东西来研究摆弄？"我问。

他抬头笑了："就是，就是。本来我就喜欢，所以我就选择干这个。"

我也笑了："把兴趣变成自己的工作，这是多少人向往而不得的境界啊！"

说话间，他把手机递给我，说："看看怎么样？"

我说："不用看，当然很满意，我又不是第一次来你这里了。对了，这么久了，我还不知道你姓什么呢！"

他说："我姓赵，叫我小赵就可以了。"

"小赵，"我说，"我给你拍几张照可以吗？我想帮你宣传一下。"

他很爽快地说："可以的，你随便拍。不过，用不着打广告，我的顾客都是老顾客了，都是熟人了。这也是我不愿意离开这里，要一直在这里摆摊的原因。"

是的，我知道，即使人们看了我这篇文章想去找他修手机或贴膜，也不一定方便。但我依然要写下这篇短文，与其说是打广告，不如说是传播一种朴素而善良的美好。

在我们城市的角落，有多少这样诚信的劳动者啊！

我们应该记住他们。

2022 年 3 月 14 日

掉个手机，得个朋友

那天应邀去宜宾讲学。高铁不过一个半小时，但我还是觉得长，怎么办？我的办法是写文章，这样就觉得时间过得太快了。

刚好看了电影《外太空的莫扎特》有想法，于是我便拿出笔记本写了起来。一篇两千余字的短文——我说是"两千余字的短文"真不是"凡尔赛"，我的文章通常在五千字以上，乃至上万字——完成了，一看时间，还有半个小时才到宜宾西呢！于是，又开始修改打磨明天的讲课PPT。

还差一点点就完成了，可已经到站。这时候我就有点手忙脚乱，匆匆收拾好行李下车。

晚上，进入酒店房间后，我想拿出手机导照片，发现手机没了！

这个手机不是我通常用来通话的手机，而是专门用来安装在无人机遥控器上做显示屏的，里面储存着前几天我在长江三峡航拍的照片和视频。

我仔细地找了又找——其实也就是行李背包的每一个口袋，都没有。

我急了，不光是里面有三峡的照片，更重要的是，这手机很珍贵，是工作站的老师赵涵宇送我的，弄丢了我感觉对不住她。

冷静下来想了几秒钟，我就断定：肯定是掉在高铁车厢里了！因为我刚进车厢坐好时，曾拿出那个手机欣赏过航拍照片。

对，一定是掉在高铁上了。

那一刻，我不那么担心了。第一，我坐的是商务座，车厢没满座，连我在内就三个乘客，被他人捡走的可能性极小；第二，乘务员是很容易发现我丢失的手机的，而乘务员的素质我太放心了——以前我曾经在高铁上掉过笔记本，都找回来了。

问题是，那趟高铁是成都到昆明路过宜宾的，早已抵达昆明。我到哪里去联系高铁的乘务员呢？

我把这事告诉了邀请我讲学的宜宾天立学校校长凌洁，因为是她帮我订的高铁票，可能她有高铁方面的联系方式。

果然，凌洁校长很快给我打电话："手机的确是掉在高铁上了，被工作人员捡到了，正在沟通。"我让凌校长把那个电话号码告诉我。

电话打过去，一个非常亲切悦耳的声音传到我的耳畔。她说手机在她手里，请我放心。我好激动："谢谢您！我把地址告诉您，麻烦您给我快递寄到成都家里，我明天下午就乘高铁回成都。"

她说："手机不经摔，快递我怕摔坏，再说如果快递你得几天后才能收到，这样，我明天就把手机交给从昆明到成都那趟车的同事，你明天下午乘坐返程高铁时，他带着手机到你的车厢找你，亲手交给你。"

我太感动了，这么细心！

我试探着问："可以加您的微信吗？"我想这样沟通更方便一些。

电话那头很爽快："可以呀！"

于是，我和她互加了微信。

我问她："您是怎么捡到手机的？"

她说："说来也巧，过了两个站，我巡视车厢的时候才看到，还好手机还在。我以为是后面旅客的，看前面没人过去坐了，忘记在座椅上的，结果他们说不是。我把手机收起来了，等12306客服电话，心想怎么不打电话来找，那我只能交到终点站昆明南站了，后面就接到你们的电话了。"

除了温馨，还是温馨。

但是，第二天早晨她跟我说："对不起，我所托的同事因为忙，忘记把手机带走了。"

她满含内疚，不住跟我道歉，说："答应了的事都没办好。"

说实话，我略有点失望，但一点都不怪她，也不怪她的同事，人家那么忙，还有远比我这事儿更重要的任务。何况，我丢手机已经够给别人添乱添忙了。

所以，我一再对她说："没关系，没关系，本来就是我的过错。"

她说她还是给我快递到成都家里。为了保证手机在快递过程中不被摔坏，她专门找了一个华为手机的包装盒。"这是我原来买华为手机时留下的盒子，没想到派上用场了！"她说。

我在微信上一再感谢她，说"遇到好人了"，她也说很幸运结识了我。

我说我要寄我的两本书给她——《陪你走过0—6岁》和《做最好的家长》，都是关于教育孩子的。虽然我手里没有了，但我可以托出版社寄。

她开始不要，说"答应好的事都没办好，弄得我不好意思"。

我说："不用客气，就当你是我的读者吧！如果你不要，倒让我很尴尬了。"

她说："没有，是我不好意思。"

我说："我俩都不好意思，那就扯平了。哈哈！"

我给她讲了我遇到过许多素不相识的人，仅仅因为是我的读者或网友，便对我非常好，还讲了"让人们因为我的存在而感到幸福"这句话对我校老师和学生产生影响的几个小故事。

我说："我就因你的存在而感到了幸福。"

她说："李老师，您人太好了，给人一种描述不出来的那种亲和力。"

我说："哈哈，这点我就不谦虚了，我的许多学生也这样说我，我周围的年轻老师也这样说我。"

我一再表示，下次去昆明，一定请她吃饭，当面表示感谢。

她却一再说:"李老师,您客气了,来昆明,必须我请您。其实,我真的只是做了我应该做的,换作其他人,肯定也会如此的。"

是的,我相信她说的。但是,换作其他人,也可能交给车站的失物招领处就了事,这样做也一点都没错呀。因为没有任何规定说,列车员必须想方设法尽快托同事把失物交给失主;没有任何规定说,同事忘记后必须把这东西尽快快递给乘客;也没有任何规定说,在寄快递时为了保证手机安全而必须特意选一个手机盒精心包装……

而她做到了。

今天,我收到了她寄来的手机。撕开外包装的牛皮纸,打开纸箱,看到手机被塑料泡沫裹得严严实实,旁边的华为手机盒里,装着手机壳。每一个细节,都体现出她的细心,其实是一份对陌生乘客的责任。

我在微信上告诉她手机收到了。

她回复我:"李老师,收到我就放心了,听说成都那边疫情有点不乐观,我还担心快递会不会受影响,您收到,我就放心了!"

我再次感谢她。

她说:"其实,应该感谢的人是我,让我有机会认识您。我说的是真的呢,李老师!"

我回复:"彼此幸运!"

她说:"能有幸结识您,我太开心了!"

我说:"彼此彼此,这就是缘分。"

然后,我就"缘分"多说了几句:"'缘分'是中国特有的词,因为这个词的准确含义很难被翻译成外语。所谓'缘分',总是偶然的,比如我掉手机;但这个词又隐含着必然,因为我俩都很善良,所以必然成为好朋友。如果掉手机的是别人,或者还手机的是别人,我们都不会成为朋友,最多公事公办。当然,善良的人很多,不止我俩。"

她同意我的分析:"嗯嗯。"

我想到了十多年前给我寄治疗失眠配方的网友"笨笨",想到了十多年来我风雨无阻每周都去那家理发店理发的胥师傅，想到了那年在大街上捡到我优盘而给我打电话的打工者小马，想到了楼下多次为我的手机贴膜的小伙子小赵，想到街对面那位经常为我修鞋、修包的黄师傅……

他们和我原本都不相识，却因为善良，成为令我尊敬的朋友。

最后，我开心地对她说："掉个手机，最后失而复得，还'搭'着送我一个朋友，太划算了！哈哈！"

对了，我还忘了介绍我这位还没见过面的新朋友的职业身份和名字，她是——昆明铁路局列车长赵梦洁。

2022 年 8 月 31 日

辑四 ◇ 视听

好的关系即教育的开始
——推荐纪录片《未来学校——新生体验》

没有画外音，没有解说词，纯粹靠画面以及画面上人物的行为、对话和表情，来展现一拨孩子、一群老师和一批家长的关系，让观众不知不觉被片中人物所感动——纪录片《未来学校——新生体验》就这样抓住了我的心。

"未来学校"这个概念，就其狭义而言，特指以现代信息技术手段为支撑，通过开展个性化的学习与教学活动，培养能够适应未来社会发展的人才。其最显著的外在特征，就是通过互联网实现教学手段的人工智能化，比如所谓的"智慧校园""智慧课堂"……

这部在四川省宜宾市凉水井中学拍摄的纪录片名为《未来学校——新生体验》。这里的"未来学校"含义要宽泛得多，它当然包括上述所说的未来技术的含义，但编导者及其创作团队通过"未来学校"这四个字，想表达出他们理想中的学校形态，理想中的课堂模式，理想中的班级管理，理想中的师生关系，理想中的家校沟通……当然，也包括本片所重点描述的理想中的"新生体验"。

新生进校的体验有哪些？我想，所有当过新生的人，无论是小学生、中学生，还是大学生，都会有共同的记忆——新生军训、报名注册、领取教材、打扫教室，然后是班主任讲有关要求，等到正式上课时，学生才能见到该科的任课教师。

可是，凉水井中学是怎样开学的呢？

居然没有军训！自然就没有军训这种常见的，也是教师希望学生达到整齐划一的那种所谓"精神风貌"，而是夏令营一般的轻松、活泼、有趣、好玩儿，自始至终充满着一种自由的气息。

整个影片所展示的一切，都清晰地指向一个教育目的：良好关系——师生关系、同学关系、亲子关系、家校关系——的建立。

一切都是别开生面而又符合孩子心理特点的：老师是带着卡通形象的米老鼠头套进来的；熟悉校园时，不是由老师带领而是由小老师带队，这些小老师分别举着"操场""图书馆"等牌子，孩子们自己选择小组集结，然后分组探索；学科老师一一上场，根据各自的学科特点作个性化的自我介绍——数学老师画出让孩子们惊叹的圆，化学老师通过制作饮料的小实验让同学们认识了自己，"有朋自远方来"开启语文老师的出场……

还有操场上的趣味运动会，孩子们很快彼此亲近起来；还有生涯规划老师引导大家畅谈梦想，写出梦想宣言；还有孩子们和老师很自然地坐在楼前的石阶上，聊明天演出的剧情，直到深夜……这个"师生夜话"的场面，特别令我感动。"夜不归宿"的孩子们见了老师一不怕二不躲，而是和老师像朋友一般聊天，老师也没批评学生"怎么这么晚了还不回宿舍"，而是席地而坐，和孩子们一起讨论明天的演出。

这就是良好关系的建立。没有一句说"教育"，但教育已经蕴含其中。我还注意到一个细节，休息时，两个刚认识的孩子便在校园散步聊天说心里话，说到动情处，流下眼泪，然后又彼此安慰，互相勉励。没看到老师"教育"两个孩子要"友好相处"，要"真心信任"，要"竭诚帮助"，要"共同进步"……可他们已经这样做了，因为"关系"已经建立。

还有学校和家长的关系以及孩子和父母的关系。该校也开家长会，但这个家长会不是教师在上面讲各种"要求"，而是和家长平等地聊孩子。老师展示了一幅"小兔子用萝卜钓鱼"的漫画，让家长们讨论。家长们的发言真是精彩："应该用鱼喜欢的方式去钓它。""爱孩子就应该理解孩子需要什么。""不要把自己喜欢的东西强加给孩子，而应该尊重孩子的意愿。"……还有一位母亲说："有一次孩子给我糖吃，因为他喜欢吃糖，但我牙不好，不吃。这时候，孩子就是那小兔，我就是鱼儿。人与人要互相沟通，家长和孩子沟通。"

其实严格地说，用这个漫画来比喻"应该用孩子喜欢的方式去爱他"是不太严谨的，因为教育之爱不是钓鱼，钓鱼者的意愿并非爱鱼，而恰恰是引诱鱼儿上当，然后吃掉它。这正是教育的大忌。但该校教师想传达给家长的理念是对的，就是大人不要把自己的意愿强加给孩子。

在这次见面会上，老师请爸爸妈妈们站在孩子的角度，把自己当作孩子，想想孩子期待的爸爸妈妈，然后写出孩子的希望。这个环节让他们回到了孩子时代，也逐渐走进了孩子的心。写着写着，有的家长开始擦眼泪了。当看到孩子写的梦想，看到"爸爸妈妈，我想对您说"的纸条，不少父母更是泪流满面，然后含泪给孩子写信，有的甚至站起来直接对孩子说："你的追梦路上，爸爸妈妈会一直陪着你！""我相信我的女儿是最棒的！"……此刻，平等、尊重、信任的亲子关系开始建立。

"未来学校"当然不只是良好关系的建立，但关系的建立是教育的第一步，或者说本身就是教育的开始。感谢该片的主创人员，以一种看上去不动声色的镜头记录并传达出积极鲜明的教育理念——未来学校的阳光，就是爱、梦想、个性、自由和心灵的舒展。

这就是我向每一位教育者——老师和父母郑重推荐这部纪录片的原因。

2021 年 12 月 8 日

教育是"钓鱼"吗?
——纪录片《未来学校——新生体验》指瑕

《未来学校——新生体验》无疑是一部难得的好纪录片,但再好的作品也不可能完美得无懈可击。该片最大的"懈"就是老师和家长就"小兔用萝卜钓鱼"这幅漫画的讨论。

家长会上,老师展示了一幅漫画。画面上,一只可爱的小兔子正在钓鱼,而鱼钩上挂的是一根萝卜。老师让家长们讨论,家长们的观点都很一致——小兔子爱吃萝卜,便以为鱼儿也喜欢吃萝卜,于是便用萝卜去钓鱼。但鱼儿并不吃萝卜,而喜欢吃蚯蚓或饲料和面团调和的鱼饵。显然,小兔子以自己的心去揣摩鱼儿的心,显然是钓不起鱼儿的。由此,老师引导家长们想到教育,并达成共识:"我们的教育也是如此。爱孩子,要以孩子能够接受的方式去爱;爱孩子就要理解孩子真正需要什么,不能以爱的名义把大人的喜好强加给孩子。教育者,无论教师还是家长,都不要做用萝卜钓鱼的小兔子。"

我百分之百地同意老师和家长的这个共识:"爱孩子,要以孩子能够接受的方式去爱;爱孩子就要理解孩子真正需要什么,不能以爱的名义把大人的喜好强加给孩子。"但把小兔子理解为教育者,然后以小兔子拿萝卜钓鱼来比喻不恰当的教育方式,这种思维则是荒唐的,因为这在逻辑上站不住脚。

首先，钓鱼者和鱼儿之间并非爱与被爱的关系，而是吃与被吃的关系。所有钓鱼者都绝不是因为对鱼有爱心而钓鱼，恰恰相反，往往都是为了吃鱼。当然，也有少数钓鱼者钓鱼并不一定是为了吃鱼，而是为了享受钓鱼的过程——看着鱼儿上钩，然后钓起来，鱼儿的嘴唇挂在鱼钩上，随着鱼竿的抛起，可怜的鱼在空中翻飞、挣扎……钓鱼者却欣赏这个场面，很有成就感。如此残酷，怎能拿来比喻教育？

其次，无论教师对学生，还是父母对孩子，都不是"钓鱼"。上面我说了，人们钓鱼的目的大多是为了吃鱼，但教育的目的则不是"吃人"，而是为了让每一个孩子成为最好的人，即最好的自己。就动机和宗旨而言，钓鱼和教育可谓南辕北辙。当然，说"教育吃人"，有些夸张。绝大多数教育者不会以孩子为敌，而是真心为了孩子好。可是有些时候，我们的教育是为了让孩子"听话"和"服从"，教育者在精神上征服学生，在行动上支配学生，这一点和"钓鱼"有相同之处。但，这不是真正的教育。

最后，从手段和过程看，钓鱼和教育也不能等同。人们根据鱼儿的喜好制作鱼饵，然后用鱼饵去钓鱼，让它上钩。这是一种伪善的欺骗，一种可怕的引诱，最后的目的是要吃掉鱼。如果教育是这样，那太可怕了！教育当然要采用符合孩子心理特点的方式，包括教育过程都应该尊重孩子的心灵，但这和钓鱼者用鱼饵钓鱼在本质上是两码事。不过，我们现在很多时候的教育，恰恰是"钓鱼"——为了让孩子接受我们的"教育"，便投其所好地迁就他、笼络他，因此才有"感情投资"一说。如果孩子这条鱼依然不"上钩"，教育者便很失落、很伤心，甚至恼羞成怒："我都这样了，你还要我怎样？"这种教育，就是典型的"钓鱼"。然而，我们不能因为现实中有这种"钓鱼式"的教育，便认为这种"教育"是正常的。

当然，我非常理解影片中以钓鱼比喻教育的老师。她肯定不会赞成"钓鱼式"教育，更不会把孩子比作最终将被吃掉的鱼儿，这位老师的本意是只取"根据对象的特点采取有效的方式"这一点来说教育。尽管比喻这种修辞手法的特点就是"抓住一点不及其余"，但我们在说教育的时候，如果不顾及教育目的和教育关系,而孤立地说"方法""技巧",那么,这种对教育的理解有时候会误导教师和家长。

我想起了白居易的一首诗《观游鱼》:"绕池闲步看鱼游,正值儿童弄钓舟。一种爱鱼心各异,我来施食尔垂钩。"同样是在池边,同样都说"爱鱼",可"一种爱鱼心各异",且行也"各异":一个是"施食",一个是"垂钩"——哪个才是真正的教育?

其实,这个漫画还是可以用来说教育的,但得换个角度。小兔子爱吃萝卜,便用萝卜去钓鱼。在这里,小兔子不是按上面那位老师的理解比喻成教育者,而把小兔子比作孩子。于是这个故事便有了正确的解读。用萝卜钓鱼的孩子也许会因此而被大人斥责,因为在大人看来孩子是愚蠢的,不但钓不起鱼来,还会造成浪费。那么这时,就需要我们成人以儿童的视角去看待儿童的行为。大人看来违背常识的反常行为,对孩子来说却很正常,这时候就需要大人的宽容和理解。在这个前提下,予以引导——有时候甚至也不需"引导",随着孩子心智的成熟,一些反常行为自然就消失了。

我想到已故著名特级教师斯霞老师的一个经典故事。斯霞老师在批改三年级作文时,发现这么一句话:"今天,我们学校来了法国客人,其中有一位女阿姨。"显然,这句话是错的,阿姨本来就是女的,难道还有"男阿姨"吗?如果换个老师可能会在上面打叉,但斯霞老师并不愿意做任何改动,更不打叉。她认为:"阿姨对于学生而言是一种特定的称谓。学生首先观察到的是一位女性,再依据其年龄才最终确定了'女阿姨'的称呼,这完全契合学生认识事物、表达事物的方式。"她还说:"我不能给孩子打叉,因为他是孩子,他就是这么想的,随着年龄的增加,他自然会知道阿姨就是女的。而如果我现在打叉,会给他的心蒙上阴影,会挫伤他的自信心。"这就是以孩子的心去尊重与理解孩子。如果斯老师为了所谓的规范而加以改动,甚至批评的话,学生在创作中必定畏首畏尾,不敢表达,如此就得不偿失了。打个比方,那个写"女阿姨"的孩子,就是用萝卜钓鱼的小兔子。

如果要用"小兔子用萝卜钓鱼"来说教育,那么可以将"钓鱼"改成

"喂鱼"。小兔子很喜欢吃萝卜,它以为鱼缸里的金鱼也喜欢吃,便把萝卜扔进鱼缸,结果适得其反。这样改动,就完全可以比喻教育。因为"喂鱼"是缘于爱鱼,"钓鱼"则是为了吃鱼。

写到这里,我又联想到我看过的一幅照片:在船上,一个天真可爱的光屁股孩子抱着一条大鱼亲吻。我在外面讲学时经常以这个照片作比喻,并且这样说:"这孩子多爱这条鱼啊!那么真诚的亲吻。然而,他知道鱼最需要什么吗?不知道。此刻,鱼最需要的是水,而不是亲吻。在不知道鱼需要什么的情况下,以这种方式去爱鱼,最后只能使鱼很快死去。这和孩子爱鱼的愿望不是恰恰相反吗?而很多时候,我们许多老师和家长,正是这个亲吻鱼的孩子。"

作为一种比喻,小兔子、孩子、鱼,都可以用来说教育,但说的时候要清楚:小兔子是谁?孩子是谁?鱼是谁?更关键的是要明白——教育是什么。

2021 年 12 月 9 日

致敬《狙击手》

被《狙击手》震撼，完全是一个猝不及防的意外。

像我这个年龄的人，对表现"抗美援朝"的电影太熟悉：《英雄儿女》《上甘岭》《奇袭》《打击侵略者》……好多台词都烂熟于心，更不用说"一条大河波浪宽""烽烟滚滚唱英雄"等歌词都唱了几十年。所以，这种题材的电影，是不太容易引起我的兴趣的。

但过年期间，不看场电影似乎就对不起这个年。于是，决定还是看场电影吧！

在相同题材的《长津湖之水门桥》和《狙击手》两部电影中，我毫不犹豫地选择了《狙击手》，因为这部电影的导演是张艺谋。

为了避免剧透，这篇短文我尽量不涉及具体的剧情，只抽象地谈谈我的感受。

这是一部很真诚的电影。编导尽可能尊重历史，而不是单纯追求"娱乐效果"而胡编乱造。主人公和故事都是有原型的，当然，作为电影会有艺术加工，但我刚才说了，这里的"艺术加工"不是脱离常识的"想象"，而是用科技手段和艺术方法尽可能还原现场。

比如，电影没有漫画式地丑化美军，也没有矮化他们，而这在过去的电影中是不常见的。回想一下我们看过的类似题材的电影，银幕上的美国大兵常常是鬼哭狼嚎和抱头鼠窜的形象。而在这部电影中，几个美国大兵有对战争的抱怨，有对上司的牢骚，但打起仗来毫不含糊，枪法精准，勇敢无畏，且极有智慧。导演对战场上美军的尊严给予了足够的尊重，他们也战斗到了最后一个人，直至这最后一个人阵亡。

但这样表现敌人，是不是贬低了志愿军战士呢？

恰恰相反，面对这样的强敌，在装备上远远落后的志愿军战士，付出了惨烈的代价，但最终赢得了这场战斗。谁更强大，谁更霸道？而且战壕里的美军也赞叹中国士兵："勇敢的年轻人！"

这样表现战争，才是对中国人民志愿军英烈的真正尊重。这就是我说的真诚。

和许多以宏观视野表现波澜壮阔的大场面电影不同，《狙击手》的叙事角度很小，表现的只是一场小小的战斗。情节明了，节奏明快，细节逼真，扣人心弦。具体故事我不讲，我只说说人物形象。这部电影之所以感人，我认为故事的一波三折、跌宕起伏倒是其次，最主要的原因还是丰满、立体的人物形象。具体怎么个丰满、立体，大家还是自己去看吧！

我在看电影的时候，不知不觉忘记了银幕上是演员，没有意识到他们"演技精湛"，而是感觉他们就是志愿军战士。或者说，是张艺谋直接到部队去选择的几个战士，以本色出演来表现他们刚刚经历过的战斗。一个猛回首的眼神、一个不经意的表情、一个下意识的动作……都让我感觉到这些战士的善良、纯朴、可爱、勇敢、机智。

这种逼真的现场感，与编导对方言的运用有极大的关系。电影并不是普通话，主要人物全是方言，以四川话为主。作为四川人，我甚至惊讶于几位战士虽然说的都是四川话，但却不是同一地区的话。本来，四川不同地区的人说话差别都不大，那种细微的区别只有四川人能听出来，外省人一听都是四川话。这和江浙一带不同，同一个市甚至同一个县，可能彼此说话都"不知所云"。

然而，几个四川战士所说的有区别的四川话，被我听出来了，比如班长的成都话说得就很地道——虽然这个演员是贵州人，尽管贵州话和四川话很接近，但要说好成都话，并不那么容易，我在成都生活了30多年，至今还说不好成都话。可见演员在这一个细节上下了多少功夫。让我惊讶的是，居然还有一个战士说的是乐山话。我不是乐山土著人，但在乐山生活、工作多年，所以一听乐山话，颇感亲切。正是这些方言，让这部电影所要表现的真实的生活气息扑面而来。

为什么张艺谋要让几个主人公说四川话，而不是其他方言，我认为这也是他对历史的尊重。

在朝鲜战争中，四川籍的战士非常多，我无法说出中国人民志愿军中四川籍的官兵有多少人，但我查到了一个数据：中国在朝鲜战争中共计有240万人次进入朝鲜，最终有18万名左右的志愿军死在了异国他乡。如果算上受伤残疾和失踪的人员，有超过35万名志愿军为这场战争做出了巨大的牺牲。在这些牺牲的志愿军烈士中，四川籍的志愿军排名第一——为21051人，是全国唯一一个志愿军烈士在两万人以上的省份。在抗美援朝最血腥的上甘岭战役中，上万名四川子弟兵参战，打赢了美军精锐第7师。在上甘岭战役涌现出的战斗英雄44人中，四川籍的就有14人。四川成为上甘岭战役中涌现出战斗英雄最多的省份，包括著名的黄继光。另外，在另一次战斗中牺牲的邱少云，也是四川籍。

当看着银幕中说着我家乡话的战士一个个倒下时，我特别心疼也特别自豪。我想起了抗战时，日寇从未进川，川军却打遍全国。当时，川军装备落后，只有草鞋和蓑衣，他们不想打仗，也不想死，但是大敌当前，依然跟着刘湘奔赴前线，全军出川，不留一卒。刘湘出师未捷，病故在奔赴疆场的路上，而川军参战人数350万，伤亡人数64万。无论参战数量还是牺牲数量，川军都位居全国之首。

这就是四川人的血性。

当年在台儿庄的川军和后来在上甘岭的川军，都是在装备落后、条件极差的情况下，战斗到了最后。这种气壮山河的爱国情怀，不只是属于四川，而是整个中华民族。

其实，放在20世纪冷战的国际大背景下看，朝鲜战争的起因、过程、后果，以及其间所蕴含的大国博弈的微妙与复杂，远远超过了我们的想象。无论如何，这些朴实而勇敢的士兵，是怀着"抗美援朝，保家卫国"的必胜信念出征的，他们把滚烫的鲜血洒在了异国的雪地，将年轻的生命化作了英雄主义永不熄灭的灯，照耀着后来的我们，并将一直照耀着我们这个伟大而不可征服的民族。

写到这里，我想到前几天一位朋友对我说，他反对一切战争，"无论什么性质的战争"。因此，我这里暂且抛开这部电影多说几句，简单谈谈我对战争的看法。

据说，为中国革命立下赫赫战功、被称作"军神"的刘伯承元帅，晚年却不看战争片，包括反映他亲自参与指挥的淮海战役的影片。他说："我们每牺牲一位战士，他的全家都要悲伤，这给那个家庭带来多大的损失，一场战争要损伤多少个家庭啊！就是因为这个，每次在战前我们连觉都睡不好。现在战争结束了，我就不愿看，怕看战争的场面……我至今仍看到无数同胞为我们铺设的一条血肉模糊的路，我们是踏着他们的尸体走向胜利的。"刘伯承曾对儿子解释他为何不提淮海战役："提到这些往事，心里想到的是这些牺牲的战友，不禁想到他们的家人在找我要人。"

这可能也是许多朋友反对战争的原因吧！

我完全理解刘伯承元帅的心情，并同意他对战争的评价。

但注意，刘伯承在这里指的是内战，这是同胞的互相残杀。而对于抗击外敌入侵的战争，我没有听说刘伯承反对过。在抗日战争时期，他作为八路军129师师长，率部奋战在太行山上。

如果反对"任何性质"的战争，那么抗日战争应不应该反对？

我们当然不愿看到战争，但如果敌人把战争强加给我们，怎么办？

要么抵抗，要么顺从。

高中语文教材中，有一篇孙犁的小说《荷花淀》。我记得当年教这篇课文时，给学生们引用了孙犁谈创作这篇小说的想法。他谈到当年老百姓抗日的热情——

农民抗日，完全出于自愿。他们热爱自己的家、自己的父母妻子。他们当兵打仗，正是为了保卫他们。暂时的分别，正是为了将来的团聚。父母妻子也是这样想。

我特别感动于他这段话——

当时，一个老太太喂着一只心爱的母鸡，她就会想到：如果儿子不去打仗，不只她自己活不成，她手里的这只母鸡也活不成。一个小男孩放牧着一只小山羊，他也会想到：如果父亲不去打仗，不只他自己不能活，他牵着的这只小山羊也不能活。

是呀，谁愿意打仗呢？但敌人欺负我们，打到我们家里来了，怎么办？还是反对战争吗？那就做亡国奴，比如"伪满洲国"的老百姓；甚至做汉奸，比如汪精卫。

我想起了歌曲《我的祖国》中的歌词："一条大河波浪宽，风吹稻花香两岸……朋友来了有好酒，若是那豺狼来了，迎接它的有猎枪！"

朴素的歌词，表达了中国人民对和平与战争的态度。

写到这里，突然又想到一个和战争有关的话题，就是前几年网上有人说，战争是军人的事，政府不应该把老百姓裹挟进来。有人以王二小为例，说把孩子卷入战争是违反人道的。

所谓"战争是军人的事，政府不应该把老百姓裹挟进来"，这话抽象地说是对的，但问题恐怕没这么简单。

如果是沙盘推演，我们当然可以理性而清晰地分清战争的方方面面，问题是一旦战争爆发，敌我双方很难界定谁是军谁是民。按理说，任何军人不应该射杀平民，可日本人屠城南京，以及在中国的乡村烧杀奸淫，他们区别过军人和平民吗？

当敌人侵占我们的家园，屠杀我们的亲人，甚至用刺刀对着我们的胸膛时，你难道不应该反抗吗？这不是政府"裹挟"老百姓参战，而是敌人逼得我们全民皆兵！

地道战、地雷战、放牛的王二小、送鸡毛信的海娃，还有东北抗日联军"八女投江"中年仅13岁的小战士王惠民……就具有了无可辩驳的正义性！

和平年代喝着咖啡谈论战争的正当性和参战的合法性，是很"理性"，也很"优雅"；但如果把自己摆进当年的战场，恐怕就难以"理性"而"优雅"了。

我想，是不是应该反对战争，这不是一个多么高深的理论问题，而是一个非常朴素的现实问题。

我的观点是：第一，我不愿意有战争；第二，如果有人把战争强加给我们，我们必须抵抗；第三，我特别反对任何国家以人民或其他名义发动不义战争。

抽象的战争是没有意义的，关键是你反对或歌颂的是什么战争。

在这里，战争的性质是绕不过去的。

影片《狙击手》的结尾，当仅存的一名战士向连长报到时说："五班没有了……"连长大声一一点五班的名，点一个名字，就有一个战士替已经牺牲的这个战士高声回答："到！"最后，连长喊："五班！"风雪中，全连战士齐声回答："到！"

气吞山河！

那一刻，我的眼泪奔涌而出。

2022年2月3日

致敬《奇迹·笨小孩》

继《狙击手》之后，电影《奇迹·笨小孩》再次打动了我——情不自禁流下的泪水比看《狙击手》时还要多。其实，我并不是那么爱流泪的人，但连续两天看的这两部电影，的确催人泪下。

《奇迹·笨小孩》讲的是普通人的故事，导演文牧野曾创作过同样是表现普通人生活的《我不是药神》这样的杰作。我不知道类似这样的电影算不算所谓"主旋律"和"正能量"，但在我的心目中，关注底层劳动人民的作品，就是真正的主旋律和正能量。就凭这一点，我要向《奇迹·笨小孩》的导演和把镜头对着平凡善良劳动者的所有艺术家表示崇高的敬意！他们是有良心的艺术家。

和谈《狙击手》一样，为了避免剧透，我不打算展开讲《奇迹·笨小孩》的内容。总之，故事非常抓人，有时候甚至让人紧张得屏住呼吸，同时又非常富有人情味，一些细节特别感人。我估计多数看了这部电影的朋友会同意我的评价。

对电影本身，我想说，主人公艰辛的奋斗过程是现实中许多人的常态，而他最后完美的结局，至少不常见。作为观众，我们都希望电影有一个光明的结局，在看的时候，我们都期盼主人公景浩的理想如愿实现。但很遗憾，虽说"幸福是奋斗出来的"，可生活中的许多奋斗，并不一定都会带来幸福。

我更想说的是，妨碍生活中普通小人物寻找幸福的人，或者说阻碍他们成功的人，并不一定都是那些显赫而傲慢的"成功人士"，有时候恰恰是同样处于底层的普通人，或虽然不那么底层但同样平凡的我们。

这是我今天想借题（影片）发挥的重点。

我们身边的"景浩"太普遍，而他们是否都受到了应有的尊重呢？这种尊重更多的时候往往表现为一些微不足道的细节。

有一次，在一个写字楼大厅的电梯旁，电梯门正要关，我赶过去，说："请稍等！"我旁边还有一位小伙子，拎着一个包，也在叫："麻烦等等我！"声音比我还大。其实，最多两步就到了，时间不会超过一秒钟吧，可是电梯门却无情地关上了。我倒不是那么着急，反正可以等下一趟电梯嘛！可身旁的小伙子却无比着急，他是送外卖的，不停地看表，自言自语："糟了糟了，迟到了！"他都快哭了。我知道，现在许多送外卖的小伙子，如果没按照与顾客约定的时间送到，会被差评，然后就会被投诉，后果可想而知。难怪他那么着急。其实刚才电梯里的人并不密集，如果里面有一个人稍微按一下开门键，让这小伙子先进去，他就不会迟到了。

我说的"尊重"，就是给这位送外卖的小伙子按一下开门键。

很难说电梯里的人有什么恶意，他们更不是故意要和那位小伙子过不去。但大家都缺一份为别人着想的心，或者说大家都麻木惯了："我又不认识他，关我什么事？"正是许许多多"不约而同"的这份麻木，增加了许多普通劳动者生活和工作的艰难。

看《奇迹·笨小孩》时，我脑海里不断闪过许多的"景浩"：我多次写过的那位帮我理了近20年发的胥师傅、原来学校附近邮电所的营业员方大姐、楼下那位修鞋的黄师傅、小区门口的贴膜小哥小赵……他们都是"小人物"，但他们是我们这座城市的"毛细血管"，如果没有了他们，我们的生活将会少许多方便。

去年夏天，我家空调不制冷了，打电话请来了一位售后服务的小师傅。他问了问情况，便在腰上套上绳子往窗外翻，最后在室外的半空中修空调。十多分钟后，他翻进屋内，说："好了，至少十年内不用修了！"我端上茶，请他喝口水，他说："不用了，还有一家客户等着我。"我不住地道谢，他说："售后服务本来就是我们的分内工作。"这话当然是对的，但我依然感动。当我陪着他进电梯然后又送他到小区大门口时，他居然感动了："从来没有客户把我送这么远。"

上周，我在教科院办公室时，突然接到电话："我是快递员，您有一个快递。"我请他放在丰巢柜里，我回去取。他说："是鲜花，丰巢柜放不下。"我只好说："那我马上回来。"他问需要多久时间，我说："半个小时吧！"他说："那我等你！"我下楼便打车，结果不到20分钟就来到了小区门口。快递员是一个最多20岁的大男孩，满脸稚气。我一看，他给我送来的是寄自洛阳的包装好了的两盆牡丹花，包裹里面带泥土带花盆带花。从外观看，就是两个一米多高的正方形包装盒，很沉。我怎么拿回家呢？快递小哥说："这里有拖车。对不起，我这里还有一个包裹，还要等主人来取，我走不开。麻烦您自己拖回家吧！"他帮我将两个"柱子"挪上拖车，一再说"抱歉"。我吃力地运回家后，又把拖车给他还回去。寒风中，他还孤零零地蹲在小区门口外，等着客户来领包裹。我对他说："您辛苦了！谢谢您！"他有些腼腆地给我微笑，说："不辛苦，应该的。"我走了两步，突然想到明天就是除夕了，便回头说了一句："祝您新年快乐！"他也回我："新年快乐！"

在我们每一天的生活中，有多少这样的劳动者？

体制是重要的，机制是重要的，环境是重要的，文化是重要的……但如果把一切都推给外在的体制与机制，而忘记了每一个人其实都是环境和文化的组成部分，就会不知不觉中成为我们不愿意成为的那种人——我在文章中或在微信朋友圈里经常抨击的那种人，进而互相加害。相反，如果我们每一个人都不吝举手之劳，给予他人以善良与尊重，"勿以善小而不为"，我们自己也会感觉到——连月光都是温暖的。

套用一句俗套得不能再俗套的话："只要人人都献出一点爱，世界将变成美好的人间。"

致敬《奇迹·笨小孩》，就是致敬每一个普通善良的劳动者，也是致敬我们自己。

2022 年 2 月 3 日

别以"爱"的名义，扼杀孩子的精神生命
——看《外太空的莫扎特》所想到的

　　文艺作品是最难——或者说不可能——做到"人见人爱"的，而见仁见智，甚至不同评价针锋相对，倒应该是常态。比如《外太空的莫扎特》，听说网上对这部电影的评价呈现两个极端，甚至有朋友之间因为对这部电影截然不同的评价而反目成仇，互相拉黑。我不是专业的影评者，无法从专业的角度对这部电影作出艺术评价，但作为一个教师，我是被吸引了的。

　　影片讲述的故事无比奇幻，表达的主题却非常现实：充分尊重孩子独有的精神世界，别把大人的意志强加给他们。

　　我们这一代人，出生并成长在共和国物质贫困的年代，能吃饱肚子就算是很幸运了，所以我们的童年丝毫没有什么"弹钢琴"之类的概念。我倒是喜欢音乐，自己胡乱摆弄笛子、二胡、口琴一类花不了几个钱就可以买到的乐器，纯粹是自娱自乐，终未成为什么"家"。

　　但"我们"长大了，为人父为人母，生儿育女的时候，刚好赶上改革开放的伟大时代，不少家长便很想把自己儿时的梦想，让孩子实现。于是，无数个家庭里的孩子成了被"爱"裹挟的"琴童""画童"，而无数父母和他们的孩子因此展开了控制与反控制的较量。

影片中的任大望和任小天父子就是这样一对"冤家"。具体的故事我不讲了,但我特别希望所有的父母都能带着孩子去看看这部电影,并重新思考:什么是成长?什么是教育?什么是真正的爱?什么是真正的"为孩子的未来着想"?

我从来不反对——相反我还提倡——孩子应该有一些艺术修养,正如一个孩子应该有一项陪伴终生的体育运动爱好一样,他同样也最好有一样终生热爱的艺术特长,比如会一样乐器。但这并不意味着一定要让孩子非成为艺术家不可,更不能将"钢琴几级"作为中考、高考加分的筹码。将艺术特长绑架在应试教育的战车上,这是对艺术的玷污。

苏霍姆林斯基在其代表作之一的《关于和谐教育的一些想法》中这样写道:"不要让上课、评分成为人的精神生活唯一的、吞没一切的活动领域。如果说一个人只是在分数上表现自己,那么就可以毫不夸张地说,他等于根本没有表现自己。"

长期以来,中国的基础教育正是让孩子"只是在分数上表现自己",结果"他等于根本没有表现自己"。

同样的逻辑,我们也完全可以这样说:"如果一个人只是在音乐(美术、体育等)上表现自己,那么就可以毫不夸张地说,他等于根本没有表现自己。"

注意,我再次声明:我没有反对根据孩子的特长实施"英才教育"的意思。但我认为,无论什么艺术种类的所谓"特长教育",都应该建立在两个尊重之上——尊重孩子的天赋,尊重孩子的兴趣。要知道,艺术人才必须得有天赋,没那个天赋仅仅靠"勤奋"只能是徒劳;即使孩子确有天赋,他自己不喜欢,没这个兴趣,也应该尊重他的意愿,不学就算了——强迫孩子做他不喜欢的事,就是剥夺他的精神自由。

将孩子摁在题海中挣扎,与把他们绑在钢琴前受罪,对孩子是一样的残酷。

只是这种残酷抹上了"爱"的色彩。所有父母都对流泪弹琴的孩子说:"我是为你好!"可是这些父母忘记了,对孩子真正的爱,是尊重他们的心灵世界，而这里的"尊重"，首先意味着保护子女的个性。遗传基因可能会在孩子身上留下父母的许多烙印（相貌、性格、天赋等），但孩子首先是一个独立的人。企图迫使孩子成为第二个自己的家长是愚蠢的，这种做法也是有害的；反之，如果每一位家长都努力使自己的孩子独具个性，那么，我们国家将会拥有更多的创造性人才。你是画家，则不必强迫儿子也成为吴冠中；你是歌唱家，也不必非要女儿成为李谷一不可。何况，许多家长本人并没有艺术修养，却硬要孩子成为艺术家，如此把自己的意志强加给孩子，这不荒唐吗？让孩子多一份爱好、多一些艺术修养当然有必要，但问题是不能因此磨灭孩子的个性，更不能以剥夺孩子的童年幸福为代价。

写到这里，我想到 20 世纪 80 年代我教过的一个学生。我曾布置了一篇作文，题为"爸爸（妈妈），我的启蒙老师"，本来的用意是引导学生感恩父母的启蒙教育，谁知有一个孩子这样写道："我四岁开始背诗，五岁开始学琴，六岁开始练字。现在我已经十四岁，多次参加各类比赛，并拿到了大奖。许多人都说，你有一个好爸爸，他是你的启蒙老师。但我却想说，是的，爸爸是我的启蒙老师，但是在爸爸的'启蒙'下，我没有童年！"接下来，他写了背诗、学琴、练字过程中所承受的折磨，以及和爸爸斗智斗勇的经历。

30 多年过去了，这篇作文一直印刻在我的记忆中。我经常以此告诫家长们，也告诫教育同行：孩子的童年只有一次，他们的学习不应该仅仅是教师给他们的课程和父母给他们的"特长"，还应该有小伙伴之间的嬉戏打闹，有田野上追逐蝴蝶的欢笑，有让双腿在溪水中舞蹈的情趣，有让风筝在蓝天上写诗的浪漫……没有了这一切，仅仅有一百分的试卷和钢琴十级的证书，童年是不完整的，甚至生命也是有缺失的。

作为一名教育者，我要感谢《外太空的莫扎特》的主创人员以电影艺术的方式告诉所有的父母——你给了孩子以生命，他却有着自己的灵魂。

你以"爱"和"未来"的名义扼杀了孩子的个性，他不但享受不到真正的爱，也不可能有一个美好的未来。

尊重孩子的精神世界，给他以心灵的自由，让他像溪水一样自由飞溅，如鲜花一样自然绽放,这是孩子的幸福,也是你们家庭的幸福。

由千千万万富有个性的孩子所组成的中华人民共和国,才是富有创造性而不可战胜的伟大国家。

2022 年 8 月 27 日傍晚

于成都至宜宾的高铁上

"我们去解!"
——重看电影《今夜星光灿烂》

关于徐州丰县生育八孩女子"杨某侠"的事件,其实我一直有话想说,但不知怎么说。

很奇怪,这几天我脑海里时时闪出一部电影的画面,这部电影叫《今夜星光灿烂》,于1980年上映,编剧是著名诗人、作家白桦,导演是著名的电影艺术大师谢铁骊,主演是当时红透中国的明星唐国强、李秀明、黄小雷等人。

我之所以特别强调编剧、导演和主演,是因为还有另一部电影也叫《今夜星光灿烂》,于1988年上映,是许鞍华导演的,主演是林子祥、林青霞、吴大维。这是一部家庭爱情片。

但我说的是战争片《今夜星光灿烂》,表现的是淮海战役中几个年轻战士的经历。严格地说,和《南征北战》《上甘岭》等战争片不同,《今夜星光灿烂》是一部充满诗意抒情的电影。编剧白桦本人也参加过淮海战役,那时他刚18岁。白桦是一个有诗人激情和思想家气质的作家,因此,这部电影表现了他对革命、青春和生命的赞美,也表现了他对中国未来的憧憬和思考。

我简单地把《今夜星光灿烂》的情节梗概介绍一下——

1948年冬,在硝烟弥漫的淮海战场上,解放军某电话员小于在执行任务时偶然发现有一个准备上吊的姑娘，赶紧把她救了下来。这姑娘名叫杨玉香，弟弟被地主打死，父亲不幸死去，她流浪到此，走投无路，只好结束自己的生命。从此，这个孤苦伶仃的姑娘生活在革命的大家庭中，跟着炊事班，成为连队编外一员，开始了她新的生活。

战斗打响后，玉香冒着炮火为同志们运送干粮，帮着卫生院救助伤员。观众通过杨玉香那双纯朴美丽的大眼睛，看到了一个又一个年轻的战士倒在了为新中国成立而战的淮海战场上，包括发起总攻时，年轻的连长何战云也流尽了最后一滴血。

淮海战役胜利了，杨玉香成长起来了，在嘹亮的军号声中，加入了南下的部队，成了一名解放军战士。她和战友们在星光下集合，这时陈司令员的声音响彻战场："很多战友留在了这片土地上，他们像天空中的星星一样，永远照耀着我们。"

以上是该片的大致内容。

今天早晨，我突然想起这部我大学时代看过后来又看过多遍的电影，依然心潮澎湃。

电影中，有几个地方特别震撼我的心。

当杨玉香被通讯员解救下来后，唐国强饰演的连长何战云对战士们说："眼下，像这样的小大姐（指杨玉香）有千千万万啊，千千万万根上吊的绳子，等着我们去解！"

年轻的战士们纷纷说："连长，我们去解！""我们去解！""我们去解！"……

顿时，"我们去解！""我们去解！""我们去解！"，几个战士的声音，变成了千千万万个战士的声音，又化作了隆隆的炮声。镜头一转，是战士们随时准备跃出的战壕特写——淮海战役打响了！

可是，为什么70多年后，依然有那么多的"杨某侠"，等着"我们去解"？

通信兵小于只身闯入敌军司令部，最后拉响绑在自己身上的手榴弹，与敌人同归于尽。我军纵队司令员听到消息，深情而庄严地对战士们说："如果战争结束之后，我们都是幸运者，再过10年、20年、30年，不用行军打仗了，有了妻子儿女，每天工作完了之后，安安静静地坐下来闭上眼睛休息，我们会想起今天——1948年12月9日，不，10日这个拂晓吗？会想起这位18岁的战友吗？不，今天回答这个问题是没有意义的，将来每个人必须用自己的行为来回答，而且必须回答！"

现在，70多年过去了，面对"杨某侠"，我们该怎么回答？

最后一个镜头特别富有诗情画意。灿烂的夜空中，杨玉香眼前浮现出一个又一个战友的面庞，在星光的照耀下，她跟随部队出发，立志去解放更多像自己一样受苦的人。

看着星光下身着军装的杨玉香英姿飒爽前行的背影，我的眼泪止不住流了出来。

由李谷一唱的主题曲冲撞着我的耳膜，也冲撞着我的心灵——

> 我走遍人间的坎坷路，星光啊照耀着苦命的姑娘。
> 我流尽那人间的伤心泪，啊……流呀流呀，流尽人间伤心泪。
> ……
> 明亮的星啊照耀我……
> 星光给了我人间的希望……

听着这歌，我一边流泪一边忍不住想：70多年过去了，杨玉香是否又变成了"杨某侠"？

我从小对徐州的印象，就是和淮海战役连在一起的。第一次去徐州，我就去了淮海战役纪念馆，在所有的展品中，一辆小推车格外引人注目，它是淮海战役中人民群众支援前线时使用过的小推车。我一下想到了陈毅元帅的话："淮海战役的胜利，是人民群众用小车推出来的。"

可是，为什么在淮海战役的发生地徐州，会出现"杨某侠"的悲剧？

2022年2月14日

"火一样爱着"
——电视剧《人世间》观后感

一

第一次听说《人世间》这部小说，是梁晓声先生告诉我的。

其实我和他并不熟，但因为 2019 年新教育国际论坛召开时，他作为演讲嘉宾，我们得以认识。记得那天中午我在他房间聊天，聊到"'文化大革命'现在是'敏感话题'"时，他说："是呀，所以我还曾经担心《人世间》不能出版，结果居然出版了。"

我告诉梁晓声先生，我最早读他的作品，不仅仅是《这是一片神奇的土地》《今夜有暴风雪》《雪城》，还有不是太知名的纪实文学作品《从复旦到北影》和《京华闻见录》，"当时，我在课堂上全文给学生朗读，一边读一边评论"。这两篇作品直面现实、直抵人性的特点，在《人世间》中依然鲜明。

二

我这说的是今年春节期间热播的电视连续剧《人世间》，小说我还没来得及看。

　　我是一个追剧者，每天都追——没错，"每天"。很多人不理解，"李老师那么忙，追剧的时间是从哪儿来的？"呵呵，这个我就暂不透露了。不过，我追剧一般都是追谍战剧，其次是警匪片。可以不夸张地说，国产的谍战剧我几乎"一网打尽"了，若有遗漏，欢迎朋友们给我推荐。一般表现当代生活的电视剧，大多引不起我的兴趣。当然也有例外，比如《平凡的世界》和《山海情》就曾让我热泪盈眶。

　　《人世间》也是这"例外"中的一例。梁晓声长我九岁，但属于一代人，而他笔下的周秉昆比我大不了几岁，几乎是同龄人。所以，可以这样说，周秉昆的人生和我的人生是重叠的。他的哥哥周秉义曾经是兵团知青，我虽然下乡不久就赶上恢复高考而离开了农村，但也从周秉义的青春中多少读到了自己。周蓉在贵州山区的生活，对于在大西南的我来说，也不陌生。尤其是周志刚，作为参加"大三线"建设的建筑工人，他工作生活的许多画面是我熟悉的四川场景。对了，在和梁晓声聊天时，我说到"乐山一中"时，他插话："乐山，我去过。当时我父亲就是在乐山工作，我去看过他。"乐山有许多"大三线"工程，我忘记他说的具体是哪里了。

三

　　估计现在的年轻人看《人世间》会觉得是"年代剧"，但我看的时候，感觉就是在看我自己经历过的生活。一些细节，我就感到特别亲切。比如，周秉昆所在的酱油厂把酱油作为福利发给员工，今天看来简直就是段子一般的笑话，可当时就是这样的。我母亲是小学老师，学校被肥皂厂的工宣队（"工人毛泽东思想宣传队"的简称）接管了，母亲时不时拿肥皂回来，说是学校发的，其实就是肥皂厂发的福利，也恩泽教师。还有几次是发猪肉皮，说是肥肉被榨油做了肥皂，肉皮就作为福利发了。看见妈妈拿回猪肉皮，洗了、煮了然后凉拌吃，我可高兴了。要知道那个年代，一个月凭肉票也只能买几两肉啊！

还有周秉昆一边吃力地穿着姐姐留下的毛裤,一边央求妈妈给自己织一条毛裤时,我也想到自己小时候穿的许多衣服都是用乡下姨妈织的土布做的。还有结婚后有了孩子的郑娟不同意买电扇,后来买了电扇宁肯用手给孩子打扇也不愿意开电扇,理由是"费电"。这种贫困生活留下的思维模式,至今还留存于我们的头脑中。

电视剧《人世间》用大量的生活化的细节,自然而然地向大家呈现了中国的老百姓,尤其是20世纪50年代出生的"一代青年",是从怎样的年代走过来的。这样的生活,哪一个享受着改革开放带来的丰富物质生活的人愿意放弃,而回到被美化为"激情燃烧的岁月"的过去?

周家的故事是从1973年开始的,正是"文化大革命"时期。冯化成写了悼念周恩来的诗,就被捕入狱,还牵连了初中文化水平的周秉昆,而他仅仅是因为给杂志社提供了冯化成写的那首诗,便被公安抓走,关了半年。直到1976年秋天,被中国人民称为"第二次解放"的到来,周秉昆才被放回来。而他的母亲,因为知道了冯化成的事,精神上遭到打击而突发脑溢血,人事不省,便植物人般地躺了两年半。

四

周家的遭遇令人叹息。《人世间》就是通过人物命运和故事情节,不是疾声厉色而是不动声色地发问:这样的时代,还能让它重来吗?

由此,就更能理解梁晓声为何对改革开放时代由衷地赞美,为何对"文化大革命"予以义正辞严的抨击。对留恋和美化"文化大革命"时代的人,梁晓声表达了毫不妥协的决绝:"如果我的学生卷入极'左'思潮,我将和他结束师生关系;如果是我的朋友,我将与他结束我们之间的友谊;如果是同事的话,老死不相往来;如果是爱人的话,我将收回我之所爱。我不能忍受的是,经历过那段时期的人说出'还不如回到那个时代'这样的话。"

记得那次聊天,我们也谈到当今社会的种种不公和许多丑恶现象,对此他以自己的许多作品予以尖锐的批评，但他说："无论我对现实作了何种批判，都不意味着我认为20世纪80年代以前的中国反而更好。"

五

当然，"文化大革命"仅仅是《人世间》开头几集表现周家三兄妹成长所不能绕过的一段内容，该剧的主旋律还是讴歌普通人的善良友爱和面对人生的自强不息，当然还有作者所寄托的理想主义情怀和英雄主义气质——这在周秉义身上体现得最为充分。

看《人世间》，最打动我的是人与人之间普通的真情。这真情既包括周家兄妹之间以及他们和父母的亲情，也包括周秉昆和他的铁哥们儿（所谓"六君子"）之间的友情，还包括周秉昆与郑娟、周蓉与蔡晓光、周秉义与郝冬梅之间的爱情。这些情感是人之为人的标志，也是超越古今、跨越中外的精神养料——没有了它，人类的精神生命一天也无法存在。可是，在物质生活越来越丰富，而感情世界越来越淡漠的今天，当有的亲子之间不得不靠法律来维持各自的权利与义务时，当有的兄弟姐妹之间为了遗产而反目成仇时，当爱情也成为"利益"的一种形态时，我们会被《人世间》打动，甚至热泪盈眶。

具体的故事我就不重复叙说了，只想说，在看电视剧《人世间》时，好几次心窝发热，鼻子发酸，泪水蓄满眼眶，都是出现在周秉昆与"六君子"相见或团聚时。比如，周秉昆刑满释放回家推开家门看到爱人和几个哥们儿，一时无语，我的泪水夺眶而出；又比如，春节之夜，已经不再年轻的"六君子"高举酒杯时，我忍不住用纸巾擦着眼角，并想到了20世纪80年代的几位铁哥们儿，给他们发去微信："什么时候聚聚？"

六

我感慨，这种真情，今天已经淡漠了。今天，人们之间的交往大多通过微信,三言两语,直截了当,"有什么就说";如果有人请吃饭,被请者的第一反应往往是"估计又要找我帮什么忙了";今天的我们,几乎没有了纯粹的请客——现在叫"饭局",一个"局"字准确地说明,这顿饭其实是一个"局",像周秉昆和他的铁哥们儿之间那种相聚,不能说没有了,但很少,很少。相比之下,周秉昆和国庆、赶超、德宝、吕川、向阳他们每年大年初三的聚会,怎不让人热泪盈眶?

科技的进步,物质的发达,给人类带来了生活的方便与享受,但与此同时,精神世界却越来越贫乏。我还想到了情书的湮灭——过去,表达爱和接受爱,都很有诗意,这是通过情书所拉长的时间来呈现的:写信前的忐忑、猜测、不安、脸红,信发出后的等待、不安、焦灼、期盼,正式建立恋人关系后的鸿雁传书,从发信到对方收信是七天,从对方回信到自己收到回信又是七天,这至少两周的时间,就是感情掠过心田又继续飞翔的过程,就是爱情慢慢发酵、走向越来越幸福的过程。而现在,微信把这一切都简单化了,加上现代人的语言也日趋贫乏:"同不同意?给个准话!"瞬间便水落石出。包括友人之间的节日问候,都是复制微信系统里提供的文案和图片,一切都格式化了——每逢过节,我看到微信里铺天盖地的问候,那么"热情洋溢",语言也那么富有"美感",可一想到这一切都是对方群发——很多时候,我还会收到不同朋友发来的连标点符号都相同的祝福短信,我连回复的兴致都没有了。

必须说明的是,在笔记本上打出而非用钢笔在纸上写成这篇文章的我,绝没有否定时代进步的意思,只是想说,科技可否共人文一色,物质可否与精神齐飞?

七

电视剧《人世间》可圈可点之处太多,我无法一一评说。不过,一辈子当教师的我,还是想就家庭教育说几句。周志刚是一个建筑工人,文化程度并不高,他妻子李素华连字都不认识,是文盲,可三个子女居然有两个考上北大,还不仅仅是考上北大，后来在各自的事业上均颇有建树——周蓉成了一名大学教授，周秉义成了有能力、有作为而又廉洁的市委书记兼市长。最小的弟弟周秉昆文化程度最低，只是初中毕业，但依然以自己善良、正直、坚韧的品质，走出了自己的生活道路，无论做书店还是办餐饮都有声有色。即使他经历了人生坎坷，但后来依然自强不息，赢得了尊重，也获得了人生幸福。

从教育的角度来说，估计几乎所有观众都不得不佩服他们的爸爸周志刚和妈妈李素华，而不会说："这三兄妹遇到好老师了！"我想再次重申我的观点——其实也不是我的观点，不过是常识而已——一个孩子的优秀以及他后来的成功，首先是家庭教育的结果，而不是学校的"培养"。所谓家庭教育，也不是这个理论的说教或那个模式的操作（周志刚夫妇哪懂那些），而是父母人格的无声感染与影响。善良、勤劳、正直、坚韧、助人……周志刚夫妇用一生的行为，给三个孩子以世界上最好的家庭教育！同样，周家第三代，无论楠楠、玥玥，还是聪聪，他们都很优秀，这也是文化程度不高但人格高尚的周秉昆和郑娟言传身教的成果。

八

我还想特别强调的是，在周志刚和李素华眼里，孩子的成功绝不只是考上北大，当干部或教授，而是自食其力、孝敬父母、给别人带去幸福，也给自己赢得尊敬。所以，他们既为老大秉义、老二周蓉自豪，也为老三秉昆骄傲——虽然也曾经有过遗憾。这就是最朴素也最值得称赞的家庭教育观和儿女成才观。周志刚夫妇的境界，把现在流行的各式各样的"成功学"甩了不止十万八千里。

所以，电视机前的爸爸妈妈们，当你羡慕屏幕上周家孩子个个有出息的时候，请问问自己："我是周志刚和李素华、周秉昆和郑娟吗？"

九

看惯了惊心动魄的谍战片的我,这次依然被《人世间》吸引,这是为什么?除了日常生活的温馨打动了我,还有演员的出色表演。我认为这部剧的演员个个都很棒。有时候,我不断地回放着看,就是想看看某一个主人公的表情、眼神,甚至不经意的一个动作。

宋春丽、张凯丽、丁勇岱、萨日娜、马少骅、徐松子、雷佳音、宋佳、成泰燊、王阳等我熟悉的演员就不说了,对殷桃,尽管隐约听过她的名字,但这次在《人世间》中,我才第一次看到她的表演。因为我没看过她主演的其他影视作品,所以我觉得她就是郑娟,也只能是郑娟——除了她是如此完美的妻子郑娟,我无法想象她还能是其他什么人。

刚才我说了,《人世间》的演员个个都很杰出,但如果一定要我说出三位演技最棒的,我只好说(排名随机,不以演技高下为序):王阳、殷桃、雷佳音。

十

《人世间》的主题曲特别感人,除了缓缓流淌的音乐,还有温柔抚摸心灵的歌词——

"草木会发芽,孩子会长大。岁月的列车,不为谁停下。命运的站台,悲欢离合都是刹那。人像雪花一样,飞很高又融化。世间的苦啊,爱要离散雨要下;世间的甜啊,走多远都记得回家。平凡的我们,撑起屋檐之下一方烟火……""有多少苦乐,就有多少种活法;有多少变化,太阳都会升起落下。平凡的我们,一身雨雪风霜不问去哪。随四季枯荣,依然迎风歌唱……""我们啊像种子一样一生向阳,在这片土壤随万物生长。"

我不是专业的影视评论家,无法从电视剧艺术创作的角度对这部电视剧作专业的评论，只是以同为人世间一个普通老百姓的身份，说说这《人世间》打动我的原因。

我和周秉昆是同时代人，虽然我读了大学，他的人生却比我更加丰富，也更加丰满，但他的青春就是我的青春，他的善良就是我的善良，他的奋斗就是我的奋斗，他的梦想就是我的梦想。

愿人世间所有平凡的好人，都如电视剧主题歌所唱——"火一样爱着"，因为"人世间值得"。

2022年4月4日

张桂梅就是一座高山
——我看电影《我本是高山》

一

2003年8月,我只身前往云南南部支教。说是支教,其实是去看望一个叫"滇南布衣"的网友,他真名叫罗民,在山坡上坚守着一所只有12个孩子的学校。

他带着我转了好几所小学,结识了许多朴实的农村教师。下午,在一个小学简陋的教室里,他们怀着"崇敬"的心情,期待着我给他们"讲学"。

记得当时我第一句话是这样说的:"经过上午的参观,我越来越感到我没有资格给大家'讲'什么'学'了!在座的每一位都可以做我的老师。"

这不是矫情,当时我真的是这样想的,我在成都石室中学工作,这是一所千年名校——始建于汉代,教室里连地面都是水磨石,备课用的是电脑(那时候已经领全国之先),工资从不会被拖欠。在如此优越的环境中,讲"素质教育",讲"爱心与教育"真是太容易了!如果把我也放在罗民的山坡小学,我会怎样?面对他们,我有什么资格表现出自己"思想深刻""观念超前""学养深厚"?

三年前，知道了张桂梅老师的事迹，我也是这样想的；昨天，看了《我本是高山》，我依然这样想。

二

2020年7月，我第一次读完张桂梅老师的故事后，便在"镇西茶馆"写了一篇文章《张桂梅老师戳中我泪点的六个瞬间》，点击量很快到达10万+。当时我有一种强烈的冲动，想为张老师做点什么。为此我联系了华坪县教育局的李向天局长，说要带几个老师去看望张桂梅老师，并支教，甚至说好了具体时间，但因为其他突发情况未能成行。后来，我看到张桂梅老师越来越受到重视，可以说党和整个国家都是她的坚强后盾，无论在哪方面，她都不是需要我帮助的"弱者"，再加上她身体那么不好，还一如既往地那么忙，我去了只能添忙甚至添乱，所以我便打消了去看望她的想法。

然而，几年来，我一直在远处心怀敬意地凝望着张老师！

昨天，我也是怀着这种敬意走进电影院，看完《我本是高山》。两个多小时，我多次泪流满面。好在放映厅只有我一个观众，不至于感到难堪。

要我从电影艺术的角度评论《我本是高山》，已经超出了我的专业范畴，因为我不是影评家。这篇文章也不是影评，而只是一位教育者的观后感，谈的是我对张桂梅老师的理解。

三

电影中有些情节确实容易引起争议——

为了让女孩子们集中精力学习，而强行剪掉她们的长发；

为了让学生争分夺秒地学习，而限定她们的午饭时间，并且不停催促她们；

为了提高学生的成绩，寒假里公然违规补课；

为了学生的前途，就剥夺老师们的双休日，甚至不许老师们谈恋爱、生孩子……

类似的情节和细节，如果要认真地以科学、民主、人性的教育理念去分析，都是"站不住脚"的。比如关于强制女生剪短发，我前段时间就在"镇西茶馆"重推了20多年前的文章《少女的长发妨碍教育什么了？》，以表明我对女生拥有留长发权利的鲜明态度。

我想，可能绝大多数老师都不赞同张桂梅校长为了孩子而牺牲老师的那些"苛刻"做法，比如，张老师居然不同意一个女教师因为照顾自己无人看管的幼儿而请假半天。

但是，这就是真实的张桂梅。有人说电影拔高了张桂梅，我说不对，恰恰是保留了她一些令人遗憾的做法，才让我们觉得这就是有血有肉有弱点的张桂梅老师！

设想一下，如果这部电影没有了上述种种令人遗憾的内容，那么不但张桂梅被塑造成了完美的神，而且华坪女中的教育也失去了起码的真实。

一部失去了真实性的电影，也就失去了生命。

当然，需要解释一下，这里的"真实性"不是指电影必须百分之百地符合生活的原生态——就算是纪录片也做不到，而是指符合生活逻辑与人物形象的本质的真实。

更重要甚至更关键的是，对于张桂梅老师和她的华坪女子高中，我们不能简单地用"素质教育"的概念去"打量"、去"规范"、去"削足适履"。

四

我们谈教育的民主、科学与人性当然是正确的，我们谈学生综合素养的提升也没有错，我们谈未来时代要求今天中国教育培养学生的创造性而不只是解题能力更是应该的，还有"数字化教育""智慧课堂""项目式学习"……都是中国教育走向现代化之必需。

问题是,这是云南丽江华坪女中,而不是北京十一学校,不是人大附中。从某种意义上说,张桂梅在华坪女中所呈现的,是特定背景下的非常态教育。所谓"非常态"并不是说不正确,而只是意味着,和大都市的教育相比,张桂梅选择的是一种迫不得已的教育方式,她的目标很明确——将孩子送进大学。

这是一群特殊的人在一个特殊的环境中的命运奋斗史。

在这里对张桂梅说"何必一定要让每个女孩上大学,为什么不多元成才",无异于问她"何不食肉糜"。华坪女中的孩子置身于层层叠叠的大山中,除了走出大山上大学,就是留在山里"嫁人生孩子,生不出儿子就继续生"(张桂梅的原话)。

影片中,成绩很好的山月被父母强行拉回家嫁给一个40多岁的男子,最后被打死,让人震惊!山月的遭遇可能属于极个别,但一辈子待在山里嫁人、生娃,则是许多女孩"必然"的人生。

在这种情况下,张桂梅只有一个选择,想尽一切办法,让姑娘们考上大学,走出大山,改变命运。

对华坪女中的学生来说,高考才是硬道理!这就是张桂梅所必须遵循的铁的逻辑,她所选择的教育,必然是"刀耕火种""肩挑背驮""汗水加泪水""革命加拼命"……

在这个背景下,无论是她对学生还是对老师的种种不近人情的做法,我虽然不赞成,却表示深深的理解。谁忍心站在所谓"教育专家"的"理论高度"指责这群为改变命运而奋斗的人呢?

五

张桂梅老师的一些做法,很容易让人想到近年来被许多人诟病的××中学,也许有人甚至为不少学校种种野蛮的教育方式找到了"正当"理由:"他们的做法难道不也是合理的吗?"

可我要说,张桂梅的教育与××中学的教育存在着本质的不同:张桂梅没有在跨地区"掐尖"招生，华坪女中招收的女生主要来自丽江市内边远乡镇、高寒山区，个别来自云南省内其他市、县贫困边远乡镇及山区，张桂梅的许多学生都是她翻山越岭从一个又一个贫困家庭中连劝带哄招到学校的，有的孩子甚至是她自己掏钱"买"来的（电影中这个细节是张桂梅老师的真实经历）。××中学会倒贴钱去"挖"穷学生吗？张桂梅的学校被重重大山包围，周边的经济发展落后，教育资源极其匮乏，如果孩子们不上大学，他们连打工的地方都没有，所以上大学是孩子们唯一的出路。而中国绝大多数的学校环境并非如此，却依然实施着野蛮原始的教育方式，这无论如何说不过去。

电影里有一个镜头特别富有诗意——

老师带学生们站在高山之巅，引导孩子们的眼光越过起伏的群山，看向远方的云南大学、云南师范大学、四川大学、厦门大学、北京大学、清华大学……孩子们的目光里闪烁着清澈的光芒，她们对着遥远的山外，憧憬着自己的理想。

而张桂梅让她们将心中的梦想变成了现实——影片中的结尾显示，2011年，华坪女中第一届高三学生的大学综合录取率为100%！（我理解这个"综合录取率"包括了专科在内的各类大学的录取率。）而今年（2023年），华坪女中共有159人参加高考，17人取得600分以上的高分，70人超过一本线，本科上线率达94.3%，其中，理科最高分为651分，文科最高分为619分。综合录取率再次达到100%。

说实话，这样的高考成绩在中国许多大都市的名校好像算不了什么，现在有的名校连重点率都达到了100%，不少学校开始冲刺"清北率"了。

可是，当你看到影片中即将踏入高考考场的山英被家人强行拉回去，而山英背后的教学楼上的全校女生齐声呐喊"山英加油！山英加油！山英加油……"时，你不认为孩子们的高考成绩是中国"含金量"最高的分数吗？当你看到张桂梅校长半夜站在山崖上，向对面山崖上的山英高喊"考上了！你考上了！"时，你不觉得张桂梅校长是中国最伟大的校长吗？

六

为了孩子们能够考上大学走出大山,张桂梅有些做法的确"不近人情",但她那颗火热的爱心最终感动了她可爱的学生,感动了她年轻的同事。当昏迷中的张桂梅躺在医院被抢救时,全校师生含泪唱起了她特别喜欢的歌《红梅赞》,以深情的歌声呼唤张校长醒来——

红岩上红梅开

千里冰霜脚下踩

三九严寒何所惧

一片丹心向阳开……

听着这熟悉的歌声,看着张桂梅枯槁的面容,想到她为山里的女孩子们所付出的一切,我的泪水夺眶而出……

当然,我以教育者的眼光看,影片也不是没有瑕疵。

华坪女中的学生往往家境极度贫困,原来的学习成绩也不好——影片中多次表现孩子们基础很差的情况,但华坪女中最后能够达到100%的高考升学率,仅仅靠吃苦精神显然是远远不够的,张桂梅和她的同事们肯定在课堂教学上施展了独到的智慧,但这点在影片中没有丝毫反映。

虽然这部片子的主题并非学科教学改革,而是展示张桂梅在教育上的献身精神,但如果一点都不提教学改革,就会给人一种错觉:教育,只要吃苦就可以了;高考,只要拼命就可以了。这不能不说是这部电影的一个遗憾,或者说不足。

作为一名教师,我自认为可以说是优秀的,但这个"优秀"是与其他一些同为城市教师的同行相比而言。如果和张桂梅老师比就差远了,那我完全没有她那种几十年扎根山区的牺牲精神。我多次想过,如果我置身于她的环境会怎样？这里，我得实话实说，估计我唯一的选择，就是想方设法调出山区而直奔城市。我知道我这样做并不光彩，说出来也不好意思，但如果我连实话都不说，就更可耻了。

我当然不认可张桂梅老师的每一个具体做法，但我将那些具体操作与张桂梅老师伟大的奉献精神区别开来，因此，我对她某些做法的不认可与对她伟大精神的崇敬一点儿都不矛盾。

我还想说，张桂梅老师对教育所做出的牺牲超出了常人，甚至近乎超越了人的生理极限，这点我做不到（我相信许多人也做不到），即使我能够做到也不会选择这种生活方式。然而，这不妨碍我发自内心地崇敬她、仰望她。如果说，这是张桂梅自愿的选择，那么，我们任何人都无权不尊重她的选择。

当然，每个老师所处环境不一样，个性不一样，经历不一样，兴趣不一样，家庭不一样……完全有权利选择自己所热爱的方式从事教育并享受生活。张桂梅老师的崇高精神，永远值得我们崇敬，但我担心一些领导以张桂梅老师作为标杆去苛求所有老师。

会不会有这样的领导呢？

但愿我这个担心是多余的。

2023 年 11 月 28 日

罗大佑戳中你的泪点了吗？
——听《童年》的感悟

一

六一的微信朋友圈，满屏是学校组织孩子们演出，内容大同小异。不能说这些演出不精彩，无论灯光、喷绘，还是音乐、服装……那流光溢彩的效果，堪比春晚。但看多了，难免审美疲劳。

然而，有一首老歌，虽然已经流传了40年，却让我的耳朵永远不会疲劳。这首歌就是罗大佑的《童年》。

昨天，在朋友圈众多学校的演出照片中，一则视频吸引了我，这是台湾大学合唱团演唱的《童年》。女声清纯，男声浑厚，声部和谐，我不知用什么语言来形容我的感受，如果用一句中学生作文的句子，大概是"像清泉流过心间"吧！

后来，我看到这段视频不断被转发，有朋友说："罗大佑的这首歌戳中了我的泪点！"

《童年》不是罗大佑创作的处女作，却是他首度担任唱片制作人后制作的第一首歌，编曲和作词均由他一人完成。那年他27岁。后来，他还创作过

《明天会更好》《东方之珠》《恋曲 1990》等大量红遍海峡两岸的歌,被称作"台湾流行音乐教父"。

我第一次听这首歌时已经 23 岁,是一名中学语文教师,早已过了童年。我把这首歌推荐给依然还在童年的孩子们。今天,重听这首歌,已经退休两年多的我,依然被戳中泪点。

今天重听,我突然对歌词有了新的理解,并有了新的启示。这些新的理解和启示,可以解释这首老歌会戳中许多不再年轻的人泪点的原因。

二

歌词一开始,是一派夏日景象:"池塘边的榕树上,知了在声声叫着夏天。操场边的秋千上,只有蝴蝶停在上面。"知了的"叫"和蝴蝶的"停",动静相衬,趣味盎然。但这不是客观地写景,而是写心理活动:"黑板上老师的粉笔,还在拼命叽叽喳喳写个不停。"噢,原来这是一个孩子开小差时听见的窗外声音、看见的校园景象。看着外面的一切,他在心里抱怨老师"还在拼命叽叽喳喳写个不停",他的心早已飞出了教室,"等待着下课,等待着放学,等待游戏的童年"。

几乎每个人都有过类似的童年体验。比如我,小时候爱打乒乓球(这是我这个年龄的人童年时共同的爱好),虽然我是老师心目中的乖孩子,但常常在快下课时,把手伸进桌子抽屉里握住乒乓球拍,心里在催着老师:"快下课吧,快下课吧!"甚至埋怨老师拖堂:"明明已经打了下课铃,怎么还在讲呀!"我的心已经飞到了操场上的水泥乒乓球台前啦!

三

歌中这孩子似乎成天都不思学习,老想着吃和玩儿:"福利社里面什么都有,就是口袋里没有半毛钱。"不贪学习,却迷上了漫画书,整天琢磨书中的人物和情节："诸葛四郎和魔鬼党，到底谁抢到那支宝剑。"而且还"想入非非"："隔壁班的那个女孩，怎么还没经过我的窗前。"别说人家闲着，人家忙着呢："嘴里的零食，手里的漫画，心里初恋的童年。"嘴里有吃的，手里有玩的，心里有想的……只是全都"不务正业"！要命的是，居然还想着"初恋"！

坦率地说，我小时候没这么"差劲"，再说那时哪有钱买零食呀？但我也曾在妈妈给我一毛钱去打酱油时，只打八分钱的酱油，而"贪污"两分钱偷偷地去小人书摊上看《鸡毛信》《烈火金刚》等连环画。有时候上课都在想书中"海娃送信""肖飞买药""史更新大战猪头小队长"的情节。对了，到了初三，我也"暗恋"过班上一个女生，虽然那时分男女界限，我从没和她说过一句话，但我也常常在校园某个角落等待着，等待她走过来，我们"偶然"相遇，虽然一句话也不会说（也不敢说），但心里已经很满足。现在，我连那女生的名字都忘记了，但那份纯真的期盼依然散发着童年淡淡的芬芳。

四

"总是要等到睡觉前，才知道功课只做了一点点；总是要等到考试以后，才知道该念的书都没有念。"这可以说是天下所有孩子的共同毛病，不分时代，不分国籍。我从意大利作家亚米契斯著名小说《爱的教育》中，就读到过意大利小学生安利柯的父亲对他类似的批评。还有，每次寒暑假开始，孩子们会把作业抛在一边，玩了再说！一直拖到开学报名的前几天甚至前一天，才会狗急跳墙般地赶作业。大人们当然很生气，于是有了喋喋不休的教诲、滔滔不绝的训斥、语重心长的开导、苦口婆心的劝说："一寸光阴一寸金，老师说过寸金难买寸光阴。"然而有用吗？没有。"一天又一天，一年又一年，迷迷糊糊的童年。"

我上小学不久，便遇上"文化大革命"，很长一段时间不上课。后来"复课"了，语文课是学习毛主席的"老三篇"，数学、物理、化学学的是"工基""农基"，很简单的一些知识，甚至是常识。没有作业，没有补课，没有排名,用王朔的话来说,是"阳光灿烂的日子"。然而,对我说来,真的是"一天又一天,一年又一年,迷迷糊糊的童年"。整整十年,几乎什么都没学到,"迷迷糊糊"的不单单是我的"童年",还有我的少年和青年。

五

其实,"不贪学习"的孩子并非没有探索的欲望:"没有人知道为什么,太阳总下到山的那一边?没有人能够告诉我,山里面有没有住着神仙?"好奇是所有儿童的天性,他们的胡思乱想,恰恰是创造的萌芽。但是,课本里没有他们想要解答的奥秘,而他们希望得到的答案老师却不给——因为老师不知道孩子在想什么,最需要什么。于是,"多少的日子里,总是一个人面对着天空发呆"。可这"发呆",如果被大人看见了,多半会招来一顿批评:"发什么呆?还不做作业去!"多么可怜的孩子:"就这么好奇,就这么幻想,这么孤单的童年!"这里的"孤单"是心灵的孤单。

这段歌词也有我童年的影子。那时候的我,和所有孩子一样,满脑子的"为什么":为什么天上的星星不会掉下来?为什么收音机里能够装下一个说话的人,可我却看不见他,他是怎么钻进去的?为什么汽车不需要人推却能够跑?为什么用革命先烈鲜血染红的红领巾,却一点都没发黑,而且也不发硬?为什么这个世界会有我?——我曾经自己解答:"因为有爸爸妈妈!"可是问题又来了:"如果爸爸爱的是另一个女人,或妈妈爱的是另一个男人,会有我吗?"……那时候,这些问题没人回答我,我因此也有苦闷。"就这么好奇,就这么幻想,这么孤单的童年!"

六

无论多么烦恼,大自然永远是孩子们的朋友,并引发他们无限美好的瞎想和遐想:"阳光下蜻蜓飞过来,一片片绿油油的稻田。水彩蜡笔和万花筒,画不出天边那一条彩虹。"和蜻蜓一起飞翔，用水彩笔画出彩虹，这是包括我在内的许多孩子童年的梦想。那时候，孩子们总是天真地认为，长大就好了，哪怕和高年级同学一样大也好啊！因为长大了，就意味着一切都能实现。于是开始盼望："什么时候才能像高年级的同学，有张成熟与长大的脸。盼望着假期，盼望着明天，盼望长大的童年。一天又一天，一年又一年，盼望长大的童年。"

可能我这个年龄段的人，都有过和我一样的玩法：把蛛丝网缠在长长竹竿的细细末梢上，沾上水，更多时候我是直接吐唾沫在上面，然后去大树下粘蜻蜓或知了。我小时候很喜欢画画，画过用脚尖跳舞的喜儿，画过挥着大刀腾空而起的洪常青，画过大胡子马克思（这幅临摹的素描我保存至今）；我还曾迷上无线电，初中时曾经和同学一起傍晚偷偷出校门，步行36公里，清晨到达县城，目的就是买安装半导体收音机的二极管、三极管！那时候，我真的就想，长大就好了，长大就什么都懂、什么都会了；长大就自由了，长大了想干什么就干什么，再也没有家长和老师说"这也不准，那也不准"了。"一天又一天，一年又一年，盼望长大的童年！"

七

这首流行了40年的歌，我第一次发现，罗大佑所吟唱的童年主人公，完全就是一个典型的"学困生"嘛！上课不专心、开小差、不做作业、不认真复习、调皮、贪玩、磨蹭、拖拉、发呆、胡思乱想……然而，他所呈现的一切，都是所有人的经历，或者说，这些大人看来的缺点，全是童年的特征，抹杀了这一切，就抹杀了童年。

我想说的是，许多这样的孩子长大后不一样成了科学家、艺术家、企业家、教育家和各行各业的能工巧匠吗？至少绝大多数成了能够自食其力的善良而勤奋的劳动者，都有属于自己的美好前程！然而，直到现在，歌中所唱的孩子的种种表现，依然不被许多教育者（家长和老师）所容忍，这些童年的特征依然是被大人们批评和纠正的"缺点"。这不是儿童的错误，而是教育的悲哀!

"阳光下蜻蜓飞过来,一片片绿油油的稻田。"童年的天空,呼唤"阳光";童年的原野,期盼"一片片绿油油的稻田";童年的孩子,渴望成为"蜻蜓"。

可怕的是,当这些孩子长大后,成了父母,成了教师,他们一边唱着《童年》,一边甜蜜地回忆自己的童年,却不允许自己的孩子(学生)有这样的童年,而拼命给他们"励志",最后让他们失去了童年。

若干年后,也许现在那些激越嘹亮的、"正能量"的儿童歌曲已经没人唱了,而这首表现孩子"迷迷糊糊的童年"的歌依然会被一代又一代的儿童和成人传唱。

我今天从罗大佑的《童年》中受到的启示是——

不是容忍孩子的"缺点",而是接纳儿童的特点。这就是教育。

2021年6月2日

图书在版编目（CIP）数据

用生命润泽生命：李镇西教育心得 / 李镇西著.
—上海：华东师范大学出版社，2024
ISBN 978-7-5760-4750-9

I.①用… II.①李… III.①教育工作—文集 IV.①G4-53

中国国家版本馆 CIP 数据核字（2024）第 019986 号

大夏书系 | 教育新思考

用生命润泽生命——李镇西教育心得

著　　者	李镇西
策划编辑	李永梅
责任编辑	韩贝多
责任校对	杨　坤
封面设计	奇文云海·设计顾问
出版发行	华东师范大学出版社
社　　址	上海市中山北路 3663 号　邮编 200062
网　　址	www.ecnupress.com.cn
电　　话	021-60821666　行政传真 021-62572105
客服电话	021-62865537
邮购电话	021-62869887
地　　址	上海市中山北路 3663 号华东师范大学校内先锋路口
网　　店	http://hdsdcbs.tmall.com/
印 刷 者	北京季蜂印刷有限公司
开　　本	700×1000　16 开
印　　张	17.5
字　　数	239 千字
版　　次	2024 年 4 月第一版
印　　次	2024 年 4 月第一次
印　　数	6 100
书　　号	ISBN 978-7-5760-4750-9
定　　价	62.00 元
出 版 人	王　焰

（如发现本版图书有印订质量问题，请寄回本社市场部调换或电话 021-62865537 联系）